Pedro de Souza

Der Ozeanfrosch

Vorträge und Seminartexte
bearbeitet und herausgegeben
von Stefan Barres

MAY

Der Autor Pedro de Souza wurde 1936 geboren in Goa/Indien.

Er studierte östliche und westliche Philosophie. Sein erstes Buch gemeinsam mit Sabine Korte (Der Christus-Meister, Knaur Verlag) wurde auf Anhieb ein Erfolg. In einem weiteren Buch (Evangelium 2000 - Der Himmel auf Erden, Verlag MAY) zeigt er den modernen Christus der Lebensbejahung und des realitätsbezogenen und werteorientierten Handelns zur Erlangung eines höheren Bewusstseins.

Das hier vorliegende Buch „Der Ozeanfrosch" behandelt Wege hinaus aus der Begrenzung des eigenen, falsch-konditionierten Denkens.

Der Herausgeber Stefan Barres hat dieses Buch gemeinsam mit Pedro de Souza aus mehreren Vortragsmitschriften und Seminaraufnahmen der Jahre 1995 und 1996 zusammengestellt. Dabei ist ein spannendes Buch entstanden, das mit viel Witz und tiefer Erkenntnis gespickt ist, und das uns unsere Gedanken, unser Leben und somit uns selbst in einem neuen Licht erfahren lässt.

2. Auflage

Originalverlag: Barres und May, Eggenstein-Leopoldshafen

ISBN 3-934699-02-2

Textlayout: Stefan Barres
Titelbild und Umschlag: Martina May
Druck: Druckerei Grässer, Karlsruhe
Printed in Germany

Inhalt

Zum Geleit

Diese Texte von Pedro de Souza stellen kein chronologisches Material dar und erheben auch nicht den Anspruch, eine vollständige oder systematische Darstellung seiner Philosophie zu sein. Es ist kein wissenschaftliches Lehrbuch, das Sie hier vor sich haben – es ist ein Buch, das aus freien Vorträgen und offenen Dialogen während einiger Seminare der Jahre 1996 und 1997 entstanden ist. Oftmals wird ein Aspekt zunächst umkreist, immer wieder von anderen Seiten betrachtet, vielleicht ganz aus den Augen verloren – um aber dann, aus einer anderen Thematik heraus zu einer überraschenden Auflösung zu finden. Nehmen Sie sich deshalb Zeit für dieses Buch. Lassen Sie die Texte auf sich wirken und geben Sie sich und diesen Gedanken die Chance, ihre Kraft zu entfalten. Dann kann dieses Buch ungeahnte Potentiale in Ihnen freilegen.

Besonderer Dank gilt Frau Heidrun Maurer, die durch ihre Abschriften der Tonaufnahmen dieses Buch ermöglichte.

Stefan Barres
Birstein, Frühjahr 1999

Kapitel I

Greif nach den Sternen

Das Geheimnis der Begeisterung

Welche Gefühle verbinden Sie mit der Zukunft? Manche freuen sich darauf. Andere haben Angst davor. Es gibt so viele Veränderungen in der Welt. Auch wenn Sie daran oft nichts ändern können, *so können Sie zumindest anders darauf reagieren!* Dadurch können Sie selbst bestimmen, wie sich Ihre Zukunft gestaltet. Sie brauchen sich nicht von äußeren Umständen manipulieren zu lassen, sondern können Ihr Leben selbst in die Hand nehmen. Sie entscheiden, welche Veränderungen Sie in Ihrem Leben wünschen, und Sie können sie dann selbst durchführen. So können Sie nach den Sternen greifen.

Ein Mann trug einmal einen Apfelbaum unter dem Arm, weil er immer mit Äpfeln versorgt sein wollte. Am Meeresstrand hatte er sich einen Sack voll Steine gesammelt. Dabei hatte er nur die schweren Kieselsteine ausgesucht. Die kleineren Brillanten hatte er liegen lassen. Dieser Sack lastete schwer auf seinem Rücken. Außerdem trug er einen Korb auf seinem Kopf, in dem er dicke, knorrige Äste aus seinem Garten gesammelt hatte. An den Blüten der Blumen war er achtlos vorbeigegangen.

So beladen wollte er an der Olympiade teilnehmen und eine Goldmedaille im Hürdenlauf gewinnen. Was glauben Sie – ist es ihm gelungen? Sie schütteln den Kopf? Und doch versuchen Sie selbst es gerade so! Sie gehen mit dem Apfelbaum unterm Arm durchs Leben, anstatt sich bei Bedarf ein paar Äpfel aus dem Garten zu holen. Statt Brillanten zu sammeln, sammeln Sie Steine. Im Garten pflücken Sie die knorrigen Äste statt der Blüten. Glauben Sie, dass Sie nach den Sternen greifen können, wenn Sie sich wie dieser Mann benehmen? Dabei hat jeder die Möglichkeit, nach den Sternen zu greifen. Bald

werden Sie wissen, was es mit dem Baumstamm unter dem Arm, dem Sack voll Steine auf dem Rücken und dem Korb voll knorriger Äste auf dem Kopf auf sich hat und wie sie sie loswerden können.
Jeder trägt das Potential in sich, nach den Sternen zu greifen. Worin besteht dieses Potential? Ihre Ausbildung, Ihr Training, alles, was Sie wissen und können, ist Bestandteil Ihres Potentials. Aber ist das ausreichend? *Fachkenntnis allein ist nicht genug. Sie brauchen auch noch Begeisterung! Sie müssen motiviert sein für das, was Sie tun! Es ist notwendig, dass Sie Ihr Ziel lieben und daran glauben.* Wenn Sie wissen, wie Sie Liebe und Glauben in sich erschaffen können, dann können Sie mit Begeisterung handeln. Dann können Sie Ihre Ideale verwirklichen und Ihre Kenntnisse anwenden.

Ein Verkäufer z.B. hatte Fachkenntnisse. Er wusste alles über seine Produkte, aber er hatte Angst, Menschen zu begegnen. Aus diesem Grunde vermied er Begegnungen mit den Kunden, die bald darauf ausblieben. Was fehlte ihm? Er konnte keine Motivation und Begeisterung in seine Arbeit einbringen, denn er war vor Angst wie gelähmt.
Die Gefühle entscheiden darüber, ob man motiviert ist oder nicht. Nicht Fachkenntnisse, nicht Training, nicht der Glaube sind vorrangig, sondern die Gefühle sind der Brennstoff für die Motivation und Begeisterung. Man muss die richtigen Gefühle haben. Aber woher kommen die Gefühle? Gefühle sind ein Bestandteil unserer Einstellungen, unseres Bewusstseins. Das Wichtigste von allem sind die Gefühle. Ein Computer kann fachlich alles gespeichert haben. Aber er kann nicht motiviert sein, weil er keine Gefühle hat. *Der Mensch hingegen ist von Gott so geschaffen, dass er durch Gefühle motiviert werden kann.*

Der innere Schaltplan

Beobachten Sie sich, was Sie fühlen, wenn ich Sie auffordere, nach vorn zu kommen und die bisherigen Ausführungen zusammenzufassen. Sie haben die Fähigkeit dazu – aber was ist mit Ihrer

Motivation? (Nach einigem Zögern tritt eine Teilnehmerin vor und gibt eine Zusammenfassung.) Wir wollen analysieren, warum die Teilnehmerin in der Lage war, hier vorn zu sprechen.
Es hängt nicht von ihrer Leistungsfähigkeit ab, sondern von ihren Emotionen. Sie alle haben die Fähigkeit, hier vorne eine Zusammenfassung zu geben. Aber Ihre Emotionen waren dagegen.

Alles, was Sie lernen, lernen Sie mit Emotionen. Sie lernen nichts, was nicht mit Emotionen verbunden ist. *Sie können nichts in Ihrem Bewusstsein speichern, das nicht gleichzeitig mit Emotionen verbunden ist. Alles, was wir wissen, ist mit Emotionen verbunden.* Wir nennen diese Verbindung von Wissen (Informationen) und Emotionen 'Einstellung' oder 'Ansicht'. Ihre Einstellungen setzen sich aus dem Wissen zusammen, das Sie gelernt haben und den Gefühlen, die damit verbunden sind.

Ihre Handlungen hängen von Ihren Einstellungen ab. Aber Ihre Einstellungen sind Ihnen oft nicht bewusst. Deswegen sammeln Sie manchmal knorrige Äste anstatt Blumen, oder Sie sammeln Steine statt Brillanten. *Wie Sie in einer bestimmten Situation reagieren, wie effektiv Sie sind, wie Sie mit einer Aufgabe zurechtkommen, hängt von Ihrer Einstellung dazu ab. Wie Sie auf andere Menschen reagieren, wie Sie mit ihnen umgehen, alles ist eine Frage der Einstellung.* Wenn wir effektiver handeln wollen, müssen wir unsere Einstellungen verändern. Wie wir das machen können, werde ich Ihnen Schritt für Schritt erklären. Vorerst wollen wir aber verstehen, wie es kommt, dass wir Baumstämme, Holzstücke und Steine gesammelt haben, obwohl wir genauso leicht in der Lage gewesen wären, Rosen und Brillanten zu sammeln. Sie haben die Dornen unbewusst gesammelt. Wenn wir uns bewusst machen, wie das geschehen ist, können wir ebenso leicht Rosen sammeln.

Sie können Ihre Erfahrungen nicht ungeschehen machen und Sie können auch die negativen Gefühle, die Sie in der Vergangenheit erlebten, nicht leugnen. *Aber Sie können die jeweiligen Informationen*

mit neuen, positiven Gefühlen verbinden. Der innere Schaltplan, der bei bestimmten Anlässen automatisch Wut, Angst oder Schuldgefühle in Ihnen hervorgerufen hat, muss geändert werden. Die Anlässe wirken wie Schalter, die die abgespeicherten Gefühle wachrufen. Die negativen Gefühle, die Sie bisher mit den jeweiligen Anlässen assoziiert hatten, lassen sich nicht löschen, aber Sie können eine neue, stärkere Verbindung zu positiven Gefühlen aufbauen. Dann kann ebenso leicht, wie bisher Verbitterung, Traurigkeit oder Unsicherheit aufflammten, Liebe, Freude und Begeisterung in Ihnen entstehen. Dazu müssen Sie jedoch wissen, wie der Mechanismus in Ihnen funktioniert.
Es gibt einen Weg, wie Sie liebevoll sein können. Verändern Sie die bisherige 'Schaltautomatik' und schalten Sie zu den positiven Gefühlen um. So wie Sie bisher automatisch auf Wut oder Angst geschaltet haben, können Sie dann liebevoll sein. Und dann können Sie auch nach den Sternen greifen.

Die Kraft Ihrer Überzeugungen

Nicht was Sie wissen, entscheidet über Ihr Benehmen, sondern was Sie fühlen. Als ich Sie aufgefordert hatte, hier vorn eine Rede zu halten – was hatte darüber entschieden, ob Sie es tun wollten oder nicht? Ihre Gefühle! Wenn Sie ein gutes Gefühl damit verbinden, eine Rede zu halten, dann kommen Sie nach vorn. Wenn sie dagegen ein schlechtes Gefühl damit verbinden, dann trauen Sie sich nicht. Sie denken: »Ich bin nicht fähig dazu«, oder: »Die Leute werden mich auslachen«. Das sind die 'Nachrichten', die aus Ihrem Speicher, aus Ihrem Unterbewusstsein, dazu auftauchen.

Warum haben manche Menschen keine Angst, eine Rede zu halten? Weil sie die Erfahrung haben, dass ihnen gern zugehört wird und sie deshalb gute Gefühle damit verbinden. Es spielt auch eine Rolle, ob Sie als Kind frei reden durften und ob man Ihnen wohlwollend zugehört hat oder nicht. Das sind prägende Erfahrungen und sitzt in Ihrem Unterbewusstsein und beeinflusst Sie jetzt. Die Zusammenhänge zwischen einer Erfahrung und der jetzigen Situation sind manchmal sehr einfach, manchmal aber auch komplex und nicht auf den ersten Blick sichtbar.

> Immer gilt aber, dass Sie die 'Botschaften' aus Ihrem Unterbewusstsein positiv verändern können. Dann können Sie Ihre Ziele erreichen. Jeder kann das.

Was glauben Sie, wenn Sie zur Olympiade antreten, werden Sie gewinnen? Vielleicht! Wenn Sie glauben, dass Sie es schaffen, dann wächst die Wahrscheinlichkeit, dass es Ihnen auch gelingt. Vor 1936 hatte man geglaubt, dass es unmöglich sei, 1,6 km in 4 Minuten zurückzulegen. Alle Experten waren davon überzeugt, bis Dr. Roger Bannister sich vornahm, diese Grenze zu durchbrechen. Nachdem er sich durch Training gut vorbereitet hatte, war sein Ergebnis Weltrekord: Dr. Bannister hatte eine Meile in 3 Minuten und 59 Sekunden zurückgelegt. Seitdem haben viele Sportler die 4-Minuten-Grenze unterboten. Positive Überzeugungen sind ein guter Boden, auf dem durch die Kraft der Begeisterung Erfolg wachsen kann.

Körper, Seele, Geist

Wenn Sie an Ihren Erfolg glauben, dann können Sie schaffen, was Sie sich vorgenommen haben. *Wenn Sie kein Ziel haben, dann erreichen Sie natürlich auch keines.* Der Mensch ist eine Verbindung aus Körper, Seele und Geist. Wenn sich ein Teil dieses 'Systems' verändert, dann verändert sich alles andere mit. Wir können durch unseren Körper den Geist beeinflussen. Das geht aber nur in einem gewissen Umfang, weil Atmung, Verdauung, Blutkreislauf und andere Funktionen unbewusst ablaufen. Es bedarf der Übung, wenn Sie z.B. durch Autogenes Training auch solche Funktionen bewusst machen und sie beeinflussen wollen. Umgekehrt kann auch der Geist den Körper beeinflussen. Unsere Gedanken sind leichter zugänglich und für uns leichter gestaltbar. Sie können Ihre Gedanken bestimmen und sie verändern. Damit verändern Sie das ganze System. Ihr Körper-Seele-Geist-System drückt sich in Ihrer ganz persönlichen Art und Weise der Wahrnehmung aus. Die Wissenschaft sagt, es gebe Tausende von Wahrnehmungsreizen pro Sekunde. Wie können wir so viel verkraften? Wir nehmen nur einen Teil davon bewusst wahr. Die anderen gehen ins Unterbewusstsein. Aber wer entscheidet darüber, welche Impulse vom Bewusstsein aufgenommen werden und welche nicht? Es ist unsere Einstellung, die diese Entscheidung im Wesentlichen bestimmt. Haben Sie zu einer Sache ein gutes Gefühl, sind Sie ihr liebevoll zugetan oder nicht? *Die Dinge, die uns interessieren, gehen direkt in unser Bewusstsein. Was uns nicht interessiert, geht ins Unterbewusstsein. Je mehr wir an etwas interessiert sind, um so leichter bleibt es im Bewusstsein haften.* Alles, was unwichtig ist oder scheint, geht ins Unterbewusstsein.

Selbsterfüllende Prophezeihungen

Wer positiv eingestellt ist, sammelt positive Eindrücke und fühlt sich glücklich. Wer auf negative Dinge eingestellt ist, fühlt sich unglücklich. Es gibt positive und negative Erwartungen. Beide sind 'selbsterfüllende Prophezeihungen'. Wenn Sie erwarten, dass etwas schief geht, dann wird es mit hoher Wahrscheinlichkeit schief gehen. Genauso werden sich positive Erwartungen erfüllen. *Ihre Erwartungen schicken Botschaften ins Universum, und das Universum unterstützt sie.* Wenn ich liebevoll eingestellt bin, so unterstützt mich das Universum in dieser Hinsicht. Wenn ich unglücklich bin und voll Wut oder Trauer, dann unterstützt mich das Universum auch in dieser Einstellung. Die Baumstämme und Steine, die Sie herumschleppen, sind Ihre negativen Einstellungen, *die Sie unbewusst gewählt haben.* Sie können jederzeit andere Einstellungen wählen. Gott hat niemanden benachteiligt.

> Jeder hat die Möglichkeit, zu wachsen und Glück und Liebe zu haben. Es ist alles eine Frage, welche Einstellungen Sie wählen.

Das Glück kann Ihnen zufliegen

Solange Sie negativ eingestellt sind, scheint es, als ob Sie für jeden Moment des Glücks hart arbeiten müssten, denn Sie verbinden mit den meisten Ereignissen etwas Negatives und müssen lange suchen, bevor Sie etwas finden, das Sie als positiv gelten lassen. Wenn Sie aber positive Gefühle zu vielen Ereignissen in Ihrem Unterbewusstsein gespeichert haben, scheint es, als ob Ihnen das Positive geschenkt wird und von überall zufliegt. Das ist es, was Glück ausmacht. Deshalb wollen wir hier klären, wie das mit den Speicherungen funktioniert und wie wir die negativen Verbindungen ändern können. Sie waren unbewusst und haben nicht bemerkt, wie Sie zu einem unglücklichen Menschen geworden sind. Aber das können Sie rückgängig machen.

Ein Mann wollte seinen Freund in der Nachbarstadt besuchen. Er fragte einen Taxifahrer, was es kosten würde, wenn er ihn hinfährt. »250,-DM«, sagte der. »Oh,« meinte der Mann, »das ist mir zu viel! Da gehe ich lieber zu Fuß.« Und er machte sich auf den Weg. Der Taxifahrer wollte sehen, was daraus würde, und fuhr langsam hinter ihm her. Der Mann lief und lief. Nach zwei Stunden taten ihm die Füße weh, und er rief das Taxi heran. »Ich habe es mir anders überlegt,« sagte er, »können Sie mich doch bitte fahren?« »Natürlich«, antwortete der Taxifahrer, »aber jetzt kostet es 400,-DM«. »Was!« rief der Mann entsetzt. »Ich bin doch schon eine große Strecke gelaufen!« »Ja«, sagte der Taxifahrer, »aber Sie sind in die falsche Richtung gelaufen.«

Wahrnehmung und Wertung

Wie funktioniert unsere Wahrnehmung? Nachdem Sie etwas wahrgenommen haben, wird automatisch in Ihrem Speicher nachgefragt, ob dasselbe oder etwas Ähnliches dort abgespeichert ist. Wenn etwas darüber abgespeichert ist, dann ist die Wahrnehmung bedeutungsvoll, wenn nicht, ist sie bedeutungslos.

Was auch immer wir wahrnehmen, bewerten wir von unserem Wissen und unseren bisherigen Erfahrungen her: »Ist das gut? Ist das schlecht? Ist das wahr? Ist das falsch? Ist das gefährlich? Ist das sicher?« Diese Beurteilungen gehen sehr schnell in Ihrem Kopf vor sich. Deshalb findet dieser Vorgang oft unbewusst statt.

Sie entscheiden in jedem Moment, wie Sie sich verhalten und was Sie tun. Wenn die Wahrnehmung z.B. eine Person betraf, müssen Sie sich je nach Ihrer Bewertung entscheiden: »Soll ich sie angreifen? Soll ich mich verteidigen? Soll ich weggehen? Soll ich nachgeben? Soll ich nichts tun?« Ihre Entscheidung ist eine Funktion von dem, was in Ihrem Unterbewusstsein gespeichert ist. Es ist nicht eine Funktion von dem, was wirklich geschehen ist.
Unsere Glaubenssätze und Erfahrungen, die wir im Unterbewusstsein gespeichert haben, bestimmen über unsere Reaktionen und Handlungen, nicht das Ereignis selbst. Das Ereignis wird blitzschnell mit dem verglichen, was Sie in Ihrem Unterbewusstsein gespeichert haben, und auf Grund dessen machen Sie Ihre Entscheidungen. Deshalb hat für Sie Ihre Vergangenheit so eine Bedeutung, weil Ihre Überzeugungen darüber entscheiden, wie Sie jetzt handeln werden.
Wenn Sie immer betrogen worden sind, dann sind Sie gegen jedermann misstrauisch.

> Die Entscheidung, wie Sie sich einer Person gegenüber verhalten, wird nicht durch diesen Menschen bestimmt, der vor Ihnen steht, sondern durch die Erfahrungen, die Sie gespeichert haben.

Das Gewicht der Gefühle

Aber es ist nicht so, dass es direkt um die Anzahl negativer Erfahrungen geht, sondern die *Intensität* der Gefühle entscheidet über die Bedeutung einer Erfahrung. Die Gefühle geben das Gewicht zu Ihren Einstellungen.

Wir wollen ein Experiment machen: Ich sage Ihnen Begriffe, und Sie beobachten, welche Gefühle bei Ihnen dabei wachgerufen werden. – Salmonellen! 1. Reaktion: Angst, Gefahr, Krankheit. Keine rohen Eier essen! 2. Reaktion: Ich habe davon gehört, aber ich esse trotzdem Eier. Warum gibt es verschiedene Reaktionen? Die einen haben der Nachricht nicht geglaubt. Für sie ist sie bedeutungslos. Für andere ist die Nachricht wahr, und sie essen keine Eier mehr, zumindest keine rohen Eier. Also: Immer interpretieren Sie, was Ihnen begegnet.
Wie Sie reagieren, hängt von Ihrem Bewusstsein, von Ihren Interpretationen ab. Der eine isst weiterhin rohe Eier, der andere isst sie nur noch gekocht, und ein dritter isst überhaupt keine Eier mehr. Das ist eine Frage, für wie glaubwürdig die Quelle der Nachricht gehalten wird. Ein Wissenschaftler, der die Sache gründlich untersucht hat, verdient eher Glauben als das Gerücht, das die Nachbarin verbreitet. Je nach Ihrer eigenen Einstellung kann es aber auch genau umgekehrt sein. Auch das hängt von Ihrer Ansicht ab. Ihr Unterbewusstsein ist eine 'Brille', durch die Sie die Welt sehen und die sogar darüber entscheidet, wie und ob Sie die Brille putzen oder nicht. Dabei steht nicht Ihr Wissen im Vordergrund, sondern Ihre Gefühle über die Dinge. Die Gefühle hängen davon ab, wie Sie Ihr Wissen bewertet haben, in unserem Beispiel, wie Sie die Nachricht von den Salmonellen aufgenommen haben.

Der Maßstab: die Realität

Manche Interpretationen helfen Ihnen, an den 'Olympischen Spielen' teilzunehmen und erhöhen Ihre Chancen zu gewinnen, andere Interpretationen sind Lasten, die Sie unnötigerweise mit sich herumtragen.
Ein Mann sagte zu seinem Freund: »Ist das nicht großartig? Die Amerikaner sind auf dem Mond gelandet!« »Was ist das schon,« antwortete der Freund, »ich fliege zur Sonne!« »Du spinnst«, meinte der Mann, »die Sonne ist doch viel zu heiß!« Darauf der Freund: »Ich fliege nachts.«
Warum haben Sie über den Freund gelacht?

Wir müssen den Wahrheitsgehalt unserer Einstellungen überprüfen. Wenn wir eine Auskunft von einem Wissenschaftler haben, der die Sache objektiv erforscht hat, müssen wir unsere Einstellung daran messen und überprüfen. Das ist der Schlüssel, um glücklich zu werden und nach den Sternen zu greifen.

Nun wissen Sie, welche Einstellungen Sie unglücklich machen: die, die mit der Realität nicht übereinstimmen. Sie können diejenigen Ihrer unbewussten Speicherungen, die Sie unglücklich machen, herausfinden und korrigieren. Sie müssen sie an der Realität messen und immer weiter optimieren.

Umleitung

Wenn Sie sich nun mehr und mehr an der Realität orientieren, verschwinden Ihre alten Ansichten nicht, aber sie verlieren an Bedeutung, denn wahre Informationen bringen positive Erfahrungen und damit auch gute Gefühle mit sich. Dann bleiben Sie nicht an die Dornen gebunden, an die negativen Gefühle, die weiterhin in Ihrem Erfahrungsschatz vorhanden sind, sondern Sie können sich an den Rosen erfreuen.

Wir überlagern genau die gespeicherte Auskunft in unserem Unterbewusstsein, die uns unglücklich macht, mit neuen, richtigen Informationen, die uns helfen, nach den Sternen zu greifen. Dann speichern wir nur mehr Rosen in unserem Speicher. Wenn dann die 'Dornentaste' gedrückt wird, ist die Schaltung bereits zur 'Rosentaste' umgeleitet. Wir müssen diese Umleitung machen. Das heißt, wir speichern nur noch gute und positive Dinge. Dann kommen keine negativen Gefühle mehr in uns hoch. Das ist das Geheimnis des Wachstums. Es ist sehr einfach, wenn Sie in die richtige Richtung gehen.

Das Geheimnis der Liebe

Jeder Mensch benimmt sich anders, weil er andere Einstellungen gespeichert hat. Davon wird unser Verhalten untereinander bestimmt. »Ich hasse diesen Menschen, weil er die Salmonellengefahr nicht wichtig nimmt, obwohl er für andere kocht.« »Ich liebe diesen Menschen, weil er so gewissenhaft ist.« *Das Geheimnis von Liebe und Hass ist, ob wir mit dem Weltbild des anderen übereinstimmen oder nicht.* Das ist die Ursache dafür, wie sich die Leute untereinander benehmen.

Unser Mann findet es verrückt, was sein Freund macht. Wenn der zur Sonne fliegt, wird er durch die Tatsache, dass es heiß wird, seine bisherige Überzeugung ändern. Wenn er das nicht tut, wird er leiden. Jeder hat seine eigenen Erfahrungen gesammelt und ist dadurch unterschiedlich programmiert. Das erklärt, warum sich die Menschen so unterschiedlich benehmen.

Wir offenbaren unsere göttliche Natur, indem wir die richtigen Auskünfte in uns aufnehmen, die uns glücklich machen. Falsche Auskünfte erkennen wir daran, dass sie uns unglücklich machen. Sie hindern uns daran, Gott zu verwirklichen.

Dialog

Frage: Kann ich denn die Unendlichkeit Gottes mit meinem endlichen, begrenzten Denken erfassen?

Pedro de Souza: Gott insgesamt ist nicht fassbar. Aber einen Teil davon können Sie erfahren, nämlich die Liebe. Die Erfahrung der Liebe bringt uns nahe zu Gott. Denn Gott ist Liebe und, und, und ... Eine Milliarde Dinge lassen sich hier noch anführen. Seine Unendlichkeit ist nicht zu begreifen. Je mehr Sie wissen, um so mehr begreifen Sie, wieviel noch zu wissen übrig bleibt. Wenn wir die Liebe begreifen ist das genug.

Wenn Sie die Liebe begriffen haben, dann haben Sie den wichtigsten Schritt getan, um sich der Unendlichkeit Gottes zu nähern. Die Entwicklung des Wissens kann dann immer weitergehen.

Deswegen ist Weisheit auch nicht begrenzt, sondern Ihr Wissen wird sich immer mehr entwickeln und dadurch Ihre Möglichkeit, an der Fülle Gottes teilzunehmen. Aber die Grundvoraussetzung ist die Liebe.
Frage: Unsere Datei im Kopf machen wir durch Erfahrungen. Wenn ich also lerne, positive Gedanken zu haben, dann kommen aus meiner Datei mehr positive Gedanken und Gefühle?
P. de Souza: Ja, die Datei muss positiv angelegt werden. Das ist der Weg, die Steine und die Baumstämme abzuwerfen. Dann können Sie bei den 'Olympischen Spielen' gewinnen und nach den Sternen greifen. Es gibt unendliche Möglichkeiten, Freude zu haben.
Frage: Aber gehören die negativen Gefühle nicht auch zu meiner Persönlichkeit?
P. de Souza: Den Hass, die Wut, das Leid, die Angst und die Schuldgefühle, an die wir gewöhnt sind, brauchen wir nicht, um unsere Identität zu gewährleisten. Ihr Unterbewusstsein sagt: »Was? Der Hass geht weg, die Wut geht weg? Was tue ich ohne sie? Wie fühle ich mich ohne meine Baumstämme und meine Steine?« Diesen Zustand des Leids kennen Sie, der andere Zustand der Freude ist Ihnen unbekannt. Das macht Ihnen Angst. Einen bekannten Teufel finden Sie besser als einen unbekannten Engel. Haben Sie keine Angst, zu dem unbekannten Engel zu gehen und Ihre Wut und Ihren Schmerz loszuwerden!

Das Unterbewusstsein

Wissen und Gefühle bestimmen Ihre Einstellungen. Diese wirken oft unbewusst in Ihnen und sorgen dann dafür, dass Sie automatisch handeln und reagieren. Es ist eine gute Eigenschaft, dass wir unsere Handlungen automatisieren können. Wir schreiben, reden, lenken ein Auto und können viele Dinge machen, ohne uns besonders anstrengen zu müssen. Wenn wir etwas oft wiederholt haben, läuft es automatisch ab. Das Unterbewusstsein steuert unseren Körper und speichert alle Erfahrungen.

Auch was wir uns nur im Kopf vorstellen, wird ebenfalls vom Unterbewusstsein gespeichert. Es macht keinen Unterschied zwischen der Realität und dem, was sich nur in der Vorstellung abspielt. Das scheint negativ zu sein. Es kann sich aber auch positiv auswirken, wenn Sie diese Tatsache zu Ihren Gunsten benutzen. Durch diese Eigenschaften des Unterbewusstseins können wir unser Benehmen ändern.

Es gibt noch eine andere Eigenschaft des Unterbewusstseins: Wenn das, was wir erleben, nicht mit dem übereinstimmt, was wir gespeichert haben, dann gibt es einen Konflikt. Das Unterbewusstsein versucht, die Diskrepanz auszugleichen. Denn die Ereignisse von außen, die neuen Informationen, müssen in das bereits Gespeicherte integriert werden. Wenn ich etwas sage, das gegen Ihre gespeicherten Inhalte geht, dann fühlen Sie sich bedroht und angegriffen.

Die Ansichten, die Sie gespeichert haben, können sich später auch als falsch erweisen. Als Kind haben Sie an den Weihnachtsmann geglaubt. Heute glauben Sie nicht mehr daran. Sind damit Ihre gespeicherten Erinnerungen an den Weihnachtsmann aufgelöst? Nein! Sie sind noch immer da, aber Sie geben ihnen keine Bedeutung mehr. Genauso dürfen Sie auch Ihren traumatischen Gefühlen keine Bedeutung mehr geben.

Das Wissen, das Sie gespeichert haben, und die Gefühle, die damit verbunden sind, bestimmen Ihre Realität. Sie treffen Ihre Entscheidungen nach den Auskünften, die aus Ihrem Unterbewusstsein kommen. Wenn etwas passiert, entscheiden Sie nicht anhand der Ereignisse, sondern aufgrund Ihrer Erfahrungen und der dazu abgespeicherten Gefühle. Die Verknüpfungen in Ihrem Unterbewusstsein, Ihre Einstellungen, sind deshalb verantwortlich für Ihre jetzigen Gefühle.

Niemand hat die Macht, Eingaben in Ihren Speicher zu machen, außer Sie selbst. Deshalb liegt es an Ihnen, die Negativitäten nicht in Ihren Speicher hereinzulassen.

Es gibt positive und negative Eingaben in Ihrer 'Datei'. Wenn Sie eine negative Erfahrung machen, bilden Sie eine negative Einstellung. Eine einzelne Erfahrung reicht dazu oft noch nicht aus. Aber wenn mehrere Erfahrungen kommen, dann wird die Einstellung stärker. Wenn Sie mehrere positive Erfahrungen sammeln, dann wird Ihre Einstellung positiv. Wenn Ihre Einstellung positiv ist, dann ist es wahrscheinlicher, dass weitere Erfahrungen auch positiv bewertet werden. Das Entsprechende gilt für negative Erfahrungen. Eine negative Einstellung sorgt dafür, dass neue Erfahrungen die Negativität verstärken. Selbst positive Erfahrungen können dann negativ interpretiert werden. Das hängt ab vom Inhalt Ihres Unterbewusstseins. Je mehr Negativität gespeichert ist, um so stärker ist der negative Einfluss von Ereignissen. Das Entsprechende gilt für Ereignisse, die Sie mit positiver Einstellung erleben. Positive Einstellungen verstärken die Positivität, negative Einstellungen verstärken die Negativität.

Die Speicherungen in Ihrem Unterbewusstsein bilden Ihre Realität. Ihr Unterbewusstsein steuert Ihr Benehmen. Alles, was Sie sagen, tun und denken, ist von Ihrem Unterbewusstsein gesteuert. Ihre Erwartungen spielen also eine große Rolle in Ihrem Leben.

Zum Positiven umschalten

Was können Sie tun, wenn Sie eine negative Einstellung abgespeichert haben? Die Veränderung kann nur über die Gefühle kommen. Nehmen wir an, Sie haben Ihre Abneigung in hundert Erfahrungen gebildet oder in fünf sehr intensiven Erfahrungen. Wie können wir sie ins Positive umwandeln? Indem wir positive Gefühle einbringen. Aber es genügt nicht, das zwei- dreimal mit ein klein wenig besseren Gefühlen zu tun. Die negativen Erfahrungen sind da. Durch Gespräche gehen sie nicht weg. Aber Sie können so viele positive Erfahrungen einspeichern, bis sie stärker sind als die negativen Erfahrungen. Dann haben Sie von den Dornen zu den Rosen umgeschaltet. Wir können sowohl in positive wie auch in negative Richtung umschalten. In die negative Richtung rutschen wir

meist unmerklich ab. Z.B Wenn alle Freunde rauchen. Das erste Mal protestieren Sie. Das zweite Mal schweigen Sie. Das dritte Mal probieren Sie eine Zigarette.
Ihre Erfahrungen haben unterschiedliche Intensität. Sagen wir, Ihre Abneigung, eine Rede zu halten, hat die Stärke 50. Jetzt müssen Sie eine positive Einstellung der Stärke 60 oder mehr entwickeln, damit Sie eine Rede halten können. Das tun Sie, indem Sie positive Erfahrungen mit Reden machen. *Sie können das in Wirklichkeit oder in der Vorstellung tun. Beides hat die gleiche Wirkung.* Dazu müssen Sie es so oft tun, dass die negativen 50 durch positive 5o überlagert werden. Wie können wir also vom Negativen zum Positiven umschalten? Das Negative kann nicht ausgelöscht werden. Die Vorstellung z.B. vom Weihnachtsmann ist da. Wie verschwindet aber dann der Glaube an den Weihnachtsmann? Sie lernen die Tatsachen der Realität genauer kennen und wissen nun, dass es keinen Weihnachtsmann gibt. Die Realität und Ihre Einstellung dazu müssen in Übereinstimmung gebracht werden.

Dialog

Zuhörer: Wie kann man verhindern, dass die negativen Einflüsse wirksam werden? Heißt das, man darf sie einfach nicht hereinlassen?
P. de Souza: Ja, durch Selbstrede entscheiden Sie, welche Einstellung Sie wählen. Jemand sagt zu Ihnen: »Was? Diesen widerlichen Lebertran nimmst Du?« »Ja, mir schmeckt er gut!« Die negative Eingabe dürfen Sie nicht annehmen. Alles entscheidet Ihre Selbstrede. Wie der Begriff schon sagt, geht es dabei nicht darum, dem anderen Kontra zu geben, sondern es geht um Ihren inneren Dialog. Zu sich selbst müssen Sie positiv sprechen. Sie bestimmen, ob Sie sich selbst programmieren oder ob es die anderen tun. Wenn Sie unbewusst sind, dann werden Sie von den anderen programmiert, indem Sie deren Äußerungen in Ihren inneren Dialog übernehmen. Verhindern Sie, dass die anderen Ihr Bewusstsein programmieren. Tun Sie es selbst. Das

ist das Geheimnis des Wachstums. Jemand sagt zu Ihnen: »Du bist gemein!« Lassen Sie diese Äußerung nicht herein, sondern denken in Ihrer Selbstrede: »Lass ihn sagen, was er will. Ich weiß, dass ich ein liebenswerter Mensch bin.« Sie können Ihre positive oder Ihre negative Einstellung verstärken. Sie haben einen Kuchen gebacken und er ist nichts geworden. Vielleicht ist Ihnen das schon einmal passiert. »Ich kann eben nicht backen«, denken Sie und verstärken damit Ihre negative Einstellung. Oder jemand anderem ist der Kuchen nicht gelungen. »Sie kann genausowenig backen wie ich. Die Arme, ich weiß, wie sie sich fühlt!« Wieder verstärken Sie Ihre negative Einstellung. – Sie stehen morgens auf und schauen aus dem Fenster: »Ach, was für ein schreckliches Wetter!« oder Sie trällern ein Liedchen: »Oh, what a beautiful morning...«.

Das Geheimnis ist, dass Sie durch Selbstrede Ihre positiven Einstellungen verstärken. Bisher wurden Sie unbewusst programmiert sowohl bei positiven wie auch bei negativen Erfahrungen. Die Negativitäten dürfen Sie jedoch nicht hereinlassen. Sie müssen sie vielmehr ganz bewusst durch Selbstrede positiv verändern. Sie dürfen auf Hass nicht mehr mit Hass reagieren. Das passiert oft, wenn Ehepaare streiten. Was sollten Sie stattdessen tun? Was hatte Christus gesagt? »Liebe deinen Feind!« Warum sollen wir das tun? Weil alles, was Sie sagen, in Ihr eigenes Unterbewusstsein geht. Wenn Sie hassen, wird Ihr Unterbewusstsein mit Negativität gefüttert.

Das positive und das negative Ego

Was passiert, wenn ich etwas gegen Ihren Glauben sage? Dann empfinden Sie einen Konflikt, weil es gegen Ihre Einstellungen geht. Ihr Ego besteht aus allen Einstellungen, die Sie gespeichert haben, sowohl den positiven wie auch den negativen. *Wenn es in den Heiligen Schriften heißt, das Ego solle vernichtet werden, dann ist nur das negative Ego damit gemeint.* 'Vernichten' ist eigentlich das falsche Wort. Das negative Ego muss überlagert werden, und zwar durch das positive

Ego. Das geschieht von selbst, wenn Sie Ihr positives Ego stärken. Christus hat das gewusst. »Liebe deine Feinde«, hat er gesagt. Das heißt, das Negative durch Positives ausgleichen.
Sie müssen die positiven Erfahrungen verstärken und die negativen unbeachtet lassen. Wie machen Sie das? Der Ehemann sagt: »Ich werde heute Geschirr spülen.« Die Frau wundert sich: »Was? Das gibt es doch nicht! Du willst Geschirr spülen? Seit wann das denn?« »Ja, ich dachte nur... aber ich lass es wohl lieber«. Die Frau hätte das Positive verstärken können: »Das ist ja wunderbar! Ich bin dir sehr dankbar!« Diesen Fehler machen wir oft. Es ist wichtig, zu lernen, das Positive zu verstärken.
Wenn jemand mit Ihnen schimpft, dann machen Sie für sich eine positive Selbstrede. Lassen Sie niemals etwas Negatives in Ihren Speicher herein! Ständig kommen die negativen Impulse. Scheinbar sind Sie ihnen ausgeliefert. Aber nur, wenn Sie unbewusst sind. Gott hat Ihnen die Macht gegeben, sie nicht hereinzulassen. Das ist eine Frage von Bewusstheit.

Wie verhindern Sie, dass Sie das Negative beeinflusst? Durch positive Selbstrede! Wenn jemand zu Ihnen sagt: »Du Blödmann!«, dann können Sie verhindern, dass diese Aussage Sie betrifft, indem Sie innerlich zu sich selbst sagen: »Ich bin ganz toll und liebenswert.«

Eigenlob und Lob

Jeden Tag können Sie Ihre positive Einstellung zu sich selbst verstärken: »Ich fühle mich jung. Ich bin intelligent. Ich bin liebevoll...« Viele Frauen finden sich selbst nicht schön. Wie sollen andere sie dann schön finden können? Die Veränderung dauert eine Weile, weil Sie viele Jahre lang an Ihr negatives Selbstbild geglaubt haben. Jetzt müssen Sie durch Selbstrede viele positive Speicherungen machen, damit das Gewicht Ihrer negativen Einstellung neutralisiert und positiv überlagert wird.

Ein Kind nimmt alle Erfahrungen ungefiltert auf. Das tun Sie auch! Ein Kind ist durch Schmerzen oder Vergnügen motiviert. Diese Motivationen können aufbauend oder einengend sein. Wie lernt ein Kind z.B. laufen? Es sieht die Erwachsenen, wie sie laufen. Dadurch hat das Kind eine positive Einstellung zum Laufen. Es möchte auch laufen lernen. Es hat die richtige Motivation. Sehen Sie, Gott hat das automatisch gemacht. Das Kind läuft und fällt hin. Die Mama kommt und sagt: »Probier es noch einmal.« Sie motiviert positiv. Was sagen Sie zu sich selbst, wenn Sie etwas nicht geschafft haben? Motivieren Sie sich auch positiv? Wenn das Kind die ersten Schritte gemacht hat, lobt die Mutter: »Bravo!« Das speichert das Kind, und es bekommt die Einstellung: »Ich schaffe das!« Durch Versuch und Irrtum sowie durch Erfolg und Wiederholung lernt das Kind. Die Erfahrung von Versuch und Irrtum und Erfolg führt dazu, dass wir lernen und eine positive Einstellung gewinnen können.
Wenn ich Sie auffordere, hier vorn ein Lied zu singen, was sagt dann Ihr Unterbewusstsein? »Das kann ich nicht.« Diese Vorstellung haben Sie gespeichert, weil Ihre Kameraden früher gesagt haben: »Du singst wie eine Säge.« Wenn das Kind Sätze hört wie: »Du Dummkopf! Stell dich nicht so dumm an! Wie oft muss ich dir das noch sagen? Das wirst du nie lernen.«, dann programmiert das Kind: »Ich kann nicht...« – und Sie ebenso! Das ist gespeichert, obwohl es nichts mit Ihrer Realität zu tun haben muss.

Dialog

Zuhörer: Spielt nur die Konditionierung der Eltern eine Rolle oder auch unsere eigene Persönlichkeit?
P. de Souza: Die Persönlichkeit spielt die größte Rolle. Eine negative Persönlichkeit kann durch falsche Erziehung verstärkt werden. Sie können die negative Persönlichkeit aber auch positiv beeinflussen, indem Sie ihre positiven Erfahrungen durch Selbstrede verstärken. »Toll hast du das gemacht!« Auch an dem Negativen ist immer noch etwas Lobenswertes zu finden.
Zuhörer: Wenn man als Mutter ein Kind negativ programmiert

hat und jetzt ist das Kind erwachsen – kann man da noch etwas tun?
P. de Souza: Ja. Sie können mit ihm reden: »Was ich gesagt habe, stimmt nicht. Du bist wunderbar.« Loben Sie ihn auch wegen kleinster Kleinigkeiten. Trauen Sie ihm Aufgaben zu: »Das schaffst du!« Das Problem ist, seine negative Speicherung hat sagen wir die Stärke 50. Jetzt können Sie nach und nach so viele positive Dinge einspeichern, dass die Stärke 60 erreicht wird. Das braucht Zeit. Als Kind hat er Ihnen geglaubt. Ihre Aussagen waren mit Gefühlen verbunden. Jetzt müssen Sie die positiven Gefühle ebenso intensiv vermitteln, damit er Ihnen glaubt. Loben Sie ihn nun immer wieder!
Zuhörer: Ich habe eine Frage zum Loben. Wir setzen Loben ja auch als Therapie ein. Wenn jemand schwach ist, dann wird er gelobt. Bei mir ist es inzwischen so, dass ich Lob nicht mehr annehmen kann. Wenn mich jemand lobt, denke ich automatisch, der findet mich schwach und will mir nur etwas Aufbauendes sagen. Für mich ist das Lob eigentlich zu etwas Negativem geworden.
P. de Souza: Das Lob muss echt sein. Es braucht keine überschwängliche Bestätigung zu sein. Suchen Sie, und Sie werden immer etwas Positives finden, das Sie wirklich loben können.

Land und Landkarte

Jeder Mensch hat eine eigene Vorstellung von der Realität. Aber sie stimmt nicht immer mit der wahren Realität überein. Z.B. gab es Indianerstämme, die ihren Göttern Menschenopfer brachten. Sie glaubten, dass sie etwa Hunrakan, den Gott der Orkane, durch das besonders kostbare Opfer eines Menschenlebens besänftigen könnten. Deshalb haben sie ohne Gewissensbisse Menschen umgebracht. Unsere Erfahrungen sind wie eine Landkarte. Die Karte ist nicht die Landschaft. *Wir erreichen unser Ziel nur, wenn die Karte mit der Landschaft übereinstimmt.* Wenn die Karte nicht stimmt, finde ich mein Ziel nicht. – Sie glauben z.B., der Tiger sei eine freundliche

Katze, die man streicheln kann. Das ist Ihre 'Landkarte'. Was passiert, wenn Sie einem Tiger wirklich begegnen – wenn Sie in die 'Landschaft' kommen? Ob Sie ihn wirklich streicheln können? Ihre 'Landkarte' stimmt nicht mit der 'Landschaft' überein. – Es gibt nur eine Realität. Versuchen Sie, Ihre Vorstellungen davon mit den wahren Tatsachen der Realität in Übereinstimmung bringen.

Dialog

Zuhörer: Das heißt, wenn meine innere Realität mit der äußeren Realität übereinstimmt, dann bin ich glücklich?
P. de Souza: Das ist eine Pfeiler des Glücks.
Zuhörer: Ich schaffe mir also meine eigene Realität, indem ich alle Informationen auf meine persönliche Art und Weise in meiner Datei speichere. Das verstehe ich. Was ich nicht verstehe, ist, wo ist dann die objektive Realität?
P. de Souza: In Ihrem Speicher steht z.B.: »Der Tiger ist eine freundliche Katze, die man streicheln kann.« Mit der Realität werden Sie konfrontiert, wenn der Tiger leibhaftig kommt, und Sie versuchen, ihn zu streicheln. Dann zeigt es sich, ob er sich entsprechend den Informationen in Ihrem Speicher benimmt. Ich fürchte, er hat sie nicht gelesen! Der Engländer Tim Corbett, der mehrere Jahre in Indien lebte, behauptete, der Tiger sei ein Gentleman. Glauben Sie ihm?
Was ist das Kennzeichen dafür, ob ich mit der Realität übereinstimme oder nicht? Wie kann ich das herausfinden? Auf der körperlichen Ebene durch Schmerz. Wenn ich meine Hand in eine Flamme stecke, dann empfinde ich Schmerz. Daran merke ich, dass es nicht richtig ist, die Hand in eine Flamme zu stecken. Auf der geistigen Ebene sind Glück und Leid die Indikatoren. Sie sind glücklich, wenn Sie richtig gehandelt haben. Dabei dürfen die höheren Werte natürlich nicht verletzt werden.
Zuhörer: Wir machen immer den Fehler, dass wir versuchen, die äußere Realität unserer inneren Realität anzupassen, anstatt umgekehrt.

P. de Souza: Das ist ein Grund, weshalb viele Leute zusammenbrechen, weshalb sie eine Therapie brauchen. Sie haben bestimmte Überzeugungen, an die sie glauben. Wenn die anderen nicht damit übereinstimmen, dann gibt es Krieg. Sie versuchen, die äußere Realität gewaltsam ihrer inneren Realität anzugleichen.

Persönlichkeit

Sie sagen entweder: »Ich kann nicht...« oder »Ich muss...« Beides sind einengende Programmierungen. Wie können wir das ändern? Jetzt kommen wir zu meiner Methode.

Ihre Persönlichkeit ist eine Zusammenfassung von allen Ihren Erlebnissen, Glaubenssätzen, Gedanken und Gefühlen. Sie verhalten sich nach diesem Muster, das durch Ihre früheren Erfahrungen in Ihrem Unterbewusstsein gespeichert ist. Deshalb verhalten Sie sich nicht nach Ihrem Potential. Ihre innere Programmierung ist Ihre Realität. Das ist Ihre 'Landkarte'. Wenn sie falsch ist, kommen Sie nicht dort an, wo Sie hinwollen, sondern ganz woanders.
Sie benehmen sich nach Ihrer Programmierung und werden entweder fanatisch oder liebevoll. Es hängt davon ab, ob die 'Landkarte' in Ihrem Kopf der äußeren Realität entspricht oder nicht. Wenn sie mit der 'Landschaft' übereinstimmt, dann sind Sie glücklich, wenn nicht, dann sind Sie unglücklich und fühlen sich unsicher. Dann reagieren Sie auf Kritik leicht aggressiv. Die Fehler in Ihrer 'Landkarte', die falschen Gedanken, müssen weg.
Ihre Persönlichkeit beinhaltet auch das, was Sie von sich selbst halten. Sie können eine positive oder eine negative Einstellung zu sich selbst haben.

Vieles haben Sie von den anderen Menschen übernommen. Sie haben es sich zu eigen gemacht, weil Sie es in Ihre Selbstrede übernommen haben. Auf diese Weise haben Sie daran geglaubt.

Sie benehmen sich nach Ihrem Muster, nach Ihrem Programm, nach Ihrem Ego, nach Ihrem Selbstbild, nach Ihrer Persönlichkeit. Das sind verschiedene Worte für dieselbe Tatsache.

Gewohnheitsbereich

Ihre Persönlichkeit umfasst also ein bestimmtes Spektrum an Einstellungen, in dem Sie sich bequem fühlen. Außerhalb dieses Spektrums haben Sie Angst, fühlen Sie sich unglücklich. *Sie haben eine Tendenz, alles zu tun, um in Ihr Gewohnheitsspektrum zurückzukommen.* Das ist wie bei einem Thermostat, der anspringt, wenn der eingestellte Temperaturbereich über- oder unterschritten wird.
»Wenn schlechtes Wetter ist, habe ich immer schlechte Laune«. Was passiert, wenn schlechtes Wetter ist? Sie haben schlechte Laune. Selbst wenn Sie eigentlich gute Laune haben, merken Sie es nicht oder überzeugen sich schnell davon, dass das ja nicht gut sein kann – schließlich ist das Wetter ja schlecht und bei schlechtem Wetter haben Sie ja immer auch schlechte Laune!

> Das heißt, Sie benehmen sich nicht nach Ihrem Potential, sondern nach Ihrem Selbstimage, wie Sie sich programmiert haben.

Man hat Leuten aus den Slums bessere Wohnungen gegeben. Nach kurzer Zeit sahen sie wie Slums aus. Wenn Sie morgen in einen Königspalast umziehen sollten – werden Sie sich dort wohl fühlen? Es passt nicht zu Ihrem Image, das Sie von sich haben. Sie sind aus dem Gewohnheitsspektrum heraus, in dem Sie sich wohl fühlen. Dann tun Sie alles, um zurückzukommen.
Wenn Sie gezwungen sind, in Indien zu wohnen, dann werden Sie alles tun, um Ihre Wohnung so 'deutsch' wie möglich zu gestalten. Warum wollen Sie keine Rede hier vorn halten? Es ist außerhalb Ihres Gewohnheitsspektrums. Sie sind nicht daran gewöhnt. Deshalb fühlen Sie sich bedroht. Der 'Thermostat' springt an und macht Panik. Das ist der Grund, weshalb Sie nicht nach vorn zum Singen kommen.

Die Gennao Technik – Selbstprogrammierung

Was ist zu tun? Sie können Ihre Programmierung ändern. Ihre negative Einstellung ist da. Sie kann nicht ausgelöscht, sie kann aber von einer positiven Einstellung überlagert werden. Der wichtigste Bestandteil Ihrer Programmierung sind Ihre Gefühle. Nicht Ihr Wissen bestimmt Ihr Verhalten, sondern Ihre Gefühle; denn Ihr Wissen ist immer mit Gefühlen verbunden. Ihre Gefühle motivieren Sie zum Lernen und zu Veränderungen.
Wir werden unsere Vorstellungskraft als Schlüssel benutzen, um unser Programm zu ändern, um positiv zu werden; denn unser Unterbewusstsein kann ebenso durch unsere Vorstellungen programmiert werden, wie durch reale Erfahrungen. Ich erkläre Ihnen nun die Methode der Selbstprogrammierung. Mit ihr können Sie Ihre Programmierungen verändern und neue, positive Muster integrieren.

Erster Schritt: Wir müssen wissen, was wir wollen, was wir uns wünschen. Z.B. möchte ich mich besser konzentrieren können. Ich möchte mich so in eine Lektüre vertiefen können, dass ich die Welt um mich herum vergesse.

Zweiter Schritt: Welche Emotionen werden damit verbunden sein? Ich stelle mir vor, was ich fühle, wenn ich ganz konzentriert bei einer Lektüre bin. Ich bin mit Begeisterung und Interesse dabei.

Dritter Schritt: Jetzt schreiben wir uns positive Affirmationen dazu auf – unsere persönlichen Geheimmantras: »Es ist einfach für mich, meine Aufmerksamkeit zu bündeln und mit Begeisterung bei der Sache zu sein.« »Ich fühle mich sicher und stark, wenn ich konzentriert bin.« Bisher haben Sie Mantras in Sanskrit gesagt, und Sie wussten nicht, was sie bedeuten. Jetzt können Sie deutsche und offensichtliche Mantras benutzen. Mit unseren persönlichen »Geheimmantras« verbinden wir eine möglichst intensive und lebhafte Vorstellung.

Vierter Schritt: Wir stellen uns die neue Verhaltensweise ganz intensiv vor und versuchen auch, die Gefühle zu erleben, die damit verbunden sind. Wir erfahren dieses neue Verhalten im Kopf. Ich stelle mir vor, wie ich ein Buch lese. Ich höre, wie die Seiten beim Umblättern rascheln. Ich bin vollkommen konzentriert beim Lesen, weil ich von dem Inhalt begeistert bin. Ich fühle die Begeisterung.

Fünfter Schritt: Wir üben das neue Verhalten in der Realität.

Noch ein Beispiel:

Erster Schritt: Mein Ziel ist, ohne Angst eine Rede zu halten.

Zweiter Schritt: Die Gefühle: Ich freue mich, vor den Menschen zu stehen. Ich werde dabei locker sein wie bei einem Gespräch.

Dritter Schritt: Das Mantra: »Es ist einfach für mich, eine Rede wie ein Gespräch zu halten. Ich habe größte Freude dabei, weil ich meine Ideen mit anderen teilen kann.«

Vierter Schritt: Die Vorstellung im Kopf: Ich halte eine tolle Rede und fühle mich dabei glücklich, weil meine Begeisterung auf die Leute überspringt. Ich sehe die Leute vor mir sitzen und fühle mich gut dabei. Ich stelle mir vor, wie ich vor einem immer größeren Publikum rede.

Fünfter Schritt: Eine Rede wirklich halten (anfangs vor einem kleinen Kreis).

Im Sport spricht man heute sehr oft von der 'mentalen Vorbereitung'. Da wird die sportliche Leistung im Kopf, in der Vorstellung, vorweggenommen. Mentales Training können Sie auch vor einem Interview machen.

Noch einmal die Schritte in Kurzform:

Erster Schritt:	Sie sehen die guten Qualitäten, die Sie sich aneignen wollen.
Zweiter Schritt:	Sie stellen sich die Gefühle vor, die Sie dabei erleben wollen.
Dritter Schritt:	Sie schreiben Affirmationen darüber.
Vierter Schritt:	Sie stellen sich im Kopf vor, wie Sie diese Eigenschaften ausüben und wie Sie sich dabei fühlen.
Fünfter Schritt:	Sie praktizieren Ihr neues Verhalten und üben es in der Realität.

So erweitern Sie Ihr bisheriges Gewohnheitsspektrum und verändern Ihr Verhalten positiv. Diese Technik können Sie auf alle Ziele anwenden: Auf die geistigen Ziele wie z.B. eine glückliche Beziehung zu haben oder künstlerisch tätig zu sein, aber auch auf die weltlichen Ziele wie z.B. einen Beruf zu haben, mit einem Computer umgehen zu können, eine Rede halten zu können, beruflich befördert zu werden, eine Reise zu machen usw. ....

Dialog

Zuhörer: Die Frage ist nur, welche Ziele wichtig sind. Ziele sind doch alle vergänglich.

P. de Souza: Das ist die Philosophie der Verneinung des Lebens! Wenn Sie keine Ziele haben, können Sie nicht glücklich werden. Nur wenn Sie arbeiten und Ihre weltlichen Ziele verwirklichen, nur wenn Sie nach den Sternen greifen, können Sie glücklich werden. Unser höchstes Ziel ist Glückseligkeit, denn Gott ist Glückseligkeit. Warum haben Sie ein schlechtes Gefühl, wenn Sie Ihr Glück über weltliche Ziele verwirklichen? Das ist der Weg zu Gott! Über diesen Weg werde ich nun sprechen.

Kapitel II

Der Weg der Bejahung des Lebens

Sonderangebot

Ein betrunkener Mann ging durch die Straße und stieß gegen eine Laterne. Er trat einen Schritt zurück, ging wieder vorwärts und stieß wieder gegen die Laterne. Wieder trat er zurück und wollte weitergehen, und wieder passierte dasselbe. »Ach,« sagte er, »ich bin von allen Seiten von Laternen umgeben.« Der Betrunkene stößt immer gegen die Laterne. Jetzt will er nüchtern werden – aber wie?

Heutzutage gibt es eine allgemeine seelische Krise. Niemand ist zufrieden. Alle suchen etwas. Aber sie wissen nicht genau, was. Wenn man sie fragt, antworten sie: »Ich suche Gott oder Glückseligkeit oder Selbstverwirklichung«. Aber genau können sie es nicht benennen. Sie gehen von Swami zu Swami, von Ashram zu Ashram, von Seminar zu Seminar.

Es gibt viele Wege zur Gottesverwirklichung, so viele Wege, wie es Menschen gibt. Aber alle diese Wege lassen sich zwei Gruppen zuordnen: Einmal dem Weg der Verneinung des Lebens, zum anderen dem Weg der Bejahung des Lebens. Aber nur der eine führt letztendlich auch zum Ziel: Der Weg der Bejahung des Lebens. Viele haben einiges zugunsten der Philosophie der Verneinung des Lebens gesagt, denn die Menschen sind voll Leid. Die Aufforderung, sich auf ein 'Nagelbett' zu legen, kommt ihnen eher entgegen, als die Aufforderung zu lachen. Es ist wie ein Sonderangebot – billig zu haben, denn: traurig sind Sie ja sowieso schon.

Was ist höheres Bewusstsein? Wenn wir davon sprechen, dass der Weg der Lebensbejahung zum Ziel führt, müssen wir uns fragen, was das Ziel ist. Sonst sind wir wie Alice, die im Wunderland an eine Weggabelung kam. Dort fragte sie die Katze, welchen Weg sie nehmen solle. »Wo möchtest du denn hin?« fragte die Katze. »Das weiß ich nicht«, antwortete Alice. »Dann ist es auch egal, welchen Weg du nimmst.« Wohin wollen Sie also gehen in Ihrem Leben? Und wohin gehen Sie jetzt gerade? Gehen Sie den Weg der Lebensbejahung oder liegen Sie auf einem 'Nagelbett'?

Ist das Armut?

Es gibt verschiedene Vorstellungen davon, was das Ziel des Lebens, was Glück, was Selbstverwirklichung sei. William Faulkner, ein Amerikaner, sagte: »Ich brauche so gut wie nichts, nur eine Hose mit zwei großen Taschen. In der einen steckt ein Shakespeare, in der anderen eine Flasche Schnaps. Dann bin ich glücklich.« Das ist seine Vorstellung von Selbstverwirklichung. Und William Faulkner ist ein wichtiger Mann. Er ist Nobelpreisträger für Literatur. Seine Worte haben Gewicht. Aber ich möchte ihn fragen: Wovon kauft er sich die Flasche Schnaps und seinen Shakespeare? Er hat gut reden! Er ist berühmt. Die Leute verehren ihn und schenken ihm den Schnaps. Er ist davon überzeugt, wenn er sagt: »Ich bin glücklich, wenn ich nichts habe«. Aber wäre er auch noch davon überzeugt, wenn ihn niemand kennen würde und er um seinen Schnaps betteln müßte? Mahatma Gandhi hatte auch nichts. Er hatte nur seine Brille, ein Paar Pantoffeln, ein Hüfttuch und ein paar Bücher vielleicht. Das war sein ganzer Besitz. Viele Inder haben noch weniger als er. Sind sie deshalb mit Mahatma Ghandi gleichzusetzen? Ganz sicher nicht! Ganz Indien verbeugte sich vor Gandhi. Er war eine Berühmtheit und besaß sehr großen Einfluss! Wozu brauchte er Geld? Er war ein bedeutender und wichtiger Mann. Das schenkte ihm das Gefühl von Glück und Selbstwert.

Weltliche und geistige Ziele

Es gibt in Indien viele Leute, die ein Haus haben. Aber was für ein Haus? Vier Wände mit einem Dach. Manche haben auch mehr Wände und mehr Zimmer. Aber in den alten Häusern gibt es kein

Bad, keine Toilette und oft keine Küche. Die Toilette ist im Garten unter einem Baum. Die Küche besteht aus ein paar Steinen vor der Haustür, zwischen denen das Feuer brennt. Auch heute noch gibt es das oft.
Können Sie sich vorstellen, dass Sie Häuser ohne Toilette und Bad bauen würden? Nein? Ich sage Ihnen, Sie machen das! Ich spreche von Ihrem spirituellen Haus. Das bauen Sie ohne Bad und Toilette und deshalb erfüllt sich Ihre innere Sehnsucht nicht. Ich zeige Ihnen, wie das zu verstehen ist.

> Um glücklich zu werden, brauchen Sie Ziele. Es gibt keine Unterscheidung nach weltlichen oder göttlichen Zielen. Ziele sind Ziele. Ob sie jedoch mit weltlicher oder mit spiritueller Einstellung verfolgt werden, das entscheiden Sie!

Zwei Menschen können das gleiche Ziel anstreben, der eine macht es weltlich, der andere spirituell. Die weltliche Art besteht darin, seine Ziele auf Kosten anderer zu erreichen, z. B. indem man sie übervorteilt und betrügt. *Wenn man aber seine Ziele setzt, um anderen zu helfen und ihnen zu dienen, dann ist die Arbeit spirituell.* Das Ziel selbst kann das gleiche sein. Aber Ihre Vorgehensweise, wie Sie das Ziel erreichen, entscheidet darüber, ob Sie es spirituell tun oder materialistisch, ob es Sie näher zu Gott bringt oder nicht.

Wenn man erfolgreich sein will, egal ob in der materiellen oder in der geistigen Welt, dann gibt es nur eine Richtung. Machen Sie keine Trennung zwischen geistigen und materiellen Wünschen. Es gibt keinen Unterschied zwischen Diesseits und Jenseits. Christus hat deshalb gesagt: »Ich und der Vater sind eins«. Das phänomenale (äußere) und das noumenale (innere) Universum sind untrennbar.

Machen Sie also keinen Unterschied zwischen sogenannten erhabenen Zielen und schlichteren! – Aber achten Sie darauf, mit welchen Mitteln Sie Ihr Ziel verfolgen!

Falsche und richtige Wünsche

Wenn Sie Ihr Bewusstsein erhöhen wollen, ist es wichtig, ein Ziel zu haben, egal ob es Ihnen um die diesseitige oder die jenseitige Welt geht, egal ob es darum geht, Geld zu verdienen oder eine Freundschaft zu pflegen. Am liebsten wollen Sie nur Gott verwirklichen und wollen dabei die Arbeit in dieser Welt überspringen. Das geht aber nicht. Sie brauchen ein Ziel in diesem Leben und in dieser Welt. Ohne Ziel gibt es keinen Sinn und ohne Sinn fühlen Sie sich leer. Ihr Ziel bringt Sie näher zu Gott, wenn Sie dieses Ziel auf spirituelle Weise verfolgen und sich anstrengen, um es auch zu erreichen.

Ziele zu setzen ist ein Bestandteil der Philosophie der Bejahung des Lebens. Wenn Sie sagen: »Ich will mir keine Ziele in dieser Welt setzen, ich suche Gott«, dann sind Sie von William Faulkner beeinflusst. Das erinnert an den berühmten Satz von Buddha: »Keine Wünsche haben!«. Aber was hatte Buddha damit tatsächlich gemeint? Er hatte die falschen Wünsche gemeint. Er sagte es zu seinen Schülern, die mit ihm im Dschungel waren, d.h. sie hatten ihren materiellen Wünschen schon entsagt. Was hat er also gemeint?

Sie heute sind genauso Suchende. Sie haben Wut, Sie haben Angst, Sie sind nachtragend, Sie haben Rach- und Vergeltungssucht, Sie sind oft traurig, Sie sprechen schlecht über andere usw.. Und Sie sind sogar zivilisierte Suchende. Meinen Sie, die Schüler von Buddha wären damals besser gewesen? Sie waren genau wie Sie. Sie haben Machenschaften gegeneinander gehabt. Sie haben sich bespitzelt, ob die anderen auch den rechten Weg einhalten. Es waren tausende Leute da. Was glauben Sie, wieviel Streit es da gab! Wenn Buddha einen Lieblingsschüler hatte, gingen die anderen los auf ihn. Es gab viele Intrigen. Die Schüler hatten schlechte Wünsche. Deswegen hat Buddha gesagt: »Keine Wünsche haben!« Zu diesen Leuten hat er es gesagt! Gemeint hatte er: »Keine falschen Wünsche haben!«

Falsche Wünsche sind Wünsche, andere zu verletzen oder auszunutzen oder ihnen zu schaden. Indem Sie solchen Wünschen entsagen, gehen Sie einen Schritt weiter, ein wahrhaft spiritueller Mensch zu werden.

Gottes Liebling?!

Es ist also wichtig, Ziele im Leben zu haben! Dadurch können Sie Gott näherkommen und glücklich werden. Jetzt kommen wir zu Ihrem spirituellen Haus ohne Bad und Toilette. Sie wollen Gott erfahren und dafür meditieren Sie jeden Tag stundenlang. Sie hören dann Töne und sehen Lichter – aber das ist auch alles. »Ich will meine Rach- und Vergeltungssucht weiter behalten, ich will weiter nachtragend sein, ich will mein Schuldgefühl erhalten, ich will meine Angst behalten, ich will meinen Hass behalten«, denken Sie dabei. Natürlich denken Sie dies nicht bewusst. Bewusst denken Sie: »Der Mensch ist nicht gut. Hoffentlich verwandle ich mich in ein überirdisches göttliches Wesen!« Da das aber doch recht unwahrscheinlich ist, ist es Ihr Trick, weiterhin auf Ihrem 'Nagelbett' liegenbleiben zu können. Das ist Ihr höchstes Ideal. Das 'Nagelbett' ist der Verzicht auf die Freude und Fülle und Liebe, die das Leben schenken kann. Es ist das Symbol des unnötigen Verzichtes auf Freude. Aber das ist das höchste Ideal – so steht es in den Büchern. Das bedeutet nicht nur, auf materiellen Wohlstand zu verzichten. Es kann genauso bedeuten, auf den Genuss, den der materielle Wohlstand bieten kann, zu verzichten. Das tun Sie hier im Westen. Sie haben Wohlstand, aber Sie können ihn nicht annehmen. Immer haben Sie ein schlechtes Gewissen. Das ist Ihr 'Nagelbett'. Fragen Sie sich: Sind Sie voller Freude, sind Sie erfüllt von einer tiefen Dankbarkeit über die Fülle Ihres Lebens?
Sie glauben, dass Sie Gott damit schmeicheln, wenn Sie auf die Freude und Erfüllung verzichten, und so Sein Liebling werden können. Was für eine Idee haben Sie von Gott? Sie glauben, es könnte Ihm gefallen, wenn Sie unglücklich sind? Das ist falsch; denn Gott

will nur, dass es Ihnen gut geht und dass Sie glücklich sind. Hier und Jetzt in Ihrem Leben können Sie glücklich sein. Aber nun kommen wir zu der interessanten Frage: Wann geht es Ihnen wirklich gut? Und die Antwort ist sehr einfach: Wenn Sie voll Liebe sind!

Dialog

Zuhörer: Ja sicher, voll Liebe zu sein ist das Ziel. Aber wir verfolgen es oft sehr verbissen und ohne Liebe.
P. de Souza: Ihr Einwand ist Ausdruck eines Schuldgefühls. Machen Sie sich keine Vorwürfe, dass Sie noch nicht so liebevoll sind, wie Sie es sich wünschen. Entsagen Sie diesem Schuldgefühl! Das ist der tatsächliche Zweck der Entsagung! Auch Ihrer Wut und der Angewohnheit, nachtragend zu sein, können Sie entsagen. Gott umwerben Sie nur damit, dass Sie glücklich sind.

Ihr spirituelles Haus

Wenn Sie keine Ziele haben, an denen Sie arbeiten, sondern immer nur sitzen und meditieren, dann bauen Sie Ihr spirituelles Haus ohne 'Bad' und 'Toilette'. Sie wollen weise und liebevoll werden, aber Sie sind nicht bereit, den Preis dafür zu zahlen. Sie entsagen der 'Toilette' in Ihrem spirituellen Haus, das heißt, den weltlichen Aufgaben. Sie wollen einen schönen Wohnraum haben mit Meißner Porzellan (Meditation), aber kein Badezimmer (weltliche Arbeit). Sie machen es wie die Leute in Indien, die auch in ihren Häusern kein Bad und keine Toilette haben. Bauen Sie also das Bad! Das gehört zur Wohnung. Das ist ein Teil des Hauses.

Spiritualtät ist nicht etwas, das getrennt ist von unserem alltäglichen Leben. Spiritualität ist eine Qualität Ihres Lebens, wenn Sie liebevoll und bewusst werden.

Drei Stufen der Religiosität

Es gibt drei Stufen, Religiosität zu leben. In der ersten Stufe haben die Menschen einen festen Platz im Leben. Es gibt da eine Autorität, Gott, eine Vaterfigur, die sie schützt und ihnen sagt, was sie denken und tun sollen. Sehen Sie die armen Leute in Indien. Sie lachen und scheinen glücklich zu sein. »Sie sind glücklich, weil sie arm sind«, denken die deutschen Besucher. »Wir dagegen laufen immer mit langen Gesichtern herum, obwohl wir so reich sind«. Sind die Inder wirklich glücklich, auch wenn sie lachende Gesichter zeigen? Sie sind zufrieden – ja! Aber ihre Zufriedenheit ist auf einem niedrigen Niveau.

Lassen Sie uns diese Zufriedenheit analysieren. Die Inder haben ihr Kastensystem. Man gehört zu einer bestimmten Kaste. Jede Kaste hat ihre festgelegten Rechte und Pflichten. Alles ist vorbestimmt. Mit anderen Worten: Sie brauchen nichts zu denken. Sie brauchen nur zu tun, was ihnen vorgegeben ist. Das ist alles. Dann sind sie glücklich. Sie haben keine Sorgen. Sie brauchen sich nicht zu entscheiden. Sie müssen nicht wählen zwischen dieser und jener Möglichkeit. Deshalb sind sie zufrieden. Alles ist ordentlich geregelt. Auch ihre Armut ist kein Problem, denn Gott hat sie an eben diese Stelle in die Welt gestellt. Sie brauchen nichts zu ändern.

Aber diese Menschen sind nicht kreativ. Sie glauben an Gott und sind religiös. Sie haben Glauben und Vertrauen. Sie können auf die Knie fallen und beten. Für sie ist das möglich. Deshalb scheinen sie ausgeglichen und glücklich zu sein und Kontakt zu Gott zu haben. Aber Sie, die Europäer und Amerikaner, Sie sind voll Angst. Der Inder ist Mitglied eines Stammes. Er ist ein Teil der Masse. Er hat keine Individualität. Deshalb fühlt er sich geborgen. Und Sie fühlen sich verlassen und isoliert – bodenlos. Warum? Was ist der Unterschied zwischen Ihnen und den Indern? Sie sind Individualisten. Sie müssen Ihr Leben selbst in die Hand nehmen. Es ist nicht vorgeplant. Deshalb gibt es Angst. »Ist das in Ordnung, was ich mache? Ist das richtig?« Dann rennen Sie zu einem Guru, der Ihnen sagt, was Sie tun sollten.

Der Glaube des Westlers befindet sich auf der zweiten Stufe: Er ist ein Individualist, und er hat Angst. Er fühlt sich verwirrt und konfus, weil er nicht weiß, was er tun soll. Er muss sich auf sich selbst verlassen, wenn er Glück und Zufriedenheit finden will. Das bringt ihn in Panik.

Wo wollen Sie jetzt hin?

Jetzt gibt es zwei Möglichkeiten für Sie. Sie können entweder zur dritten Stufe der Entwicklung weitergehen – und Ihr Bewusstsein erhöhen und liebevoller werden – oder zurückfallen auf die erste Stufe und wieder ein Teil der Masse werden. Entweder gehen Sie höher oder wieder zurück. Wenn Sie nichts ändern, werden Sie langsam aber sicher zynisch und sarkastisch oder resigniert werden. Anders können Sie Ihre Einsamkeit und Ihr Unverständnis über die Welt nicht ertragen. Sie können nicht da bleiben, wo Sie sind. Deshalb suchen Sie und gehen zu so vielen Gurus. Sie befinden sich in der kritischen Phase des Studiums. Die Frage ist, in welche Richtung werden Sie jetzt gehen: Richtung höheres Bewusstsein und Liebe oder Richtung Unbewusstheit und Abhängigkeit? Und wie können Sie sich vergewissern, dass Sie nicht in die falsche Richtung gehen?

Alle haben den Trieb zum Leben in sich. Aber sie machen viel Unsinn dabei. Oft gehen die Jahre dahin, und es sieht so aus, als wollten sie sich selbst sabotieren. Sie gehen einer Arbeit nach, die ihnen keine Freude gibt. Obwohl alle den Trieb zur Freude in sich haben, finden sie sich mit der Freudlosigkeit Ihres Lebens ab, und die Jahre gehen dahin. Erst spät sehen sie, dass sie ihre Zeit verschwendet haben. Nichts hat sich ereignet. Aber sie möchten nicht darüber reden. Es gibt ein geheimes Abkommen unter den Menschen: »Du redest nicht über mein Versagen, und ich rede nicht über dein Versagen.« So ändert sich aber nichts!

Wie kann man vorher beurteilen, ob man auf dem Weg zum Erfolg oder zum Versagen ist? Leider gibt es kein deutliches Kennzeichen dafür. Sie müssen selbst entscheiden lernen.

Selbstsabotage

Der Trieb zur Selbstsabotage hat viele Gesichter. Nehmen Sie z. B. einen Playboy und Diogenes und vergleichen Sie deren Lebensentwürfe. Beide sind nicht kreativ. Jeder sabotiert sich auf seine eigene Art und Weise. Diogenes lebte in einem Fass und hatte der Welt entsagt. Deshalb wurde und wird er als ein großer Philosoph verehrt. Er ist ein großes Vorbild. Viele Menschen würden auch in einem Fass leben, wenn es nicht so kalt wäre. So aber tun sie nichts und sind introvertiert. Oder sie beschäftigen sich mit Fernsehen, Computerspielen oder anderen Tätigkeiten, zu denen es keiner großen Gedankenkraft bedarf. Vielleicht ziehen sie sich auch zurück und gehen gleichsam in eine Höhle, um angeblich Gott zu suchen. Sie wollen ihre Ruhe haben und schlafen jeden Tag ein paar Stunden mehr als die anderen (womöglich im Meditationssitz). Oder sie sind extrovertiert wie der Playboy. Sie geben jeden Tag Partys. Sie sind von morgens bis abends aktiv und müssen immer mit anderen Leuten zusammen sein, sonst fühlen sie sich leer.

Aber sowohl Aktivität als auch Passivität sind nicht automatisch ein Kennzeichen für Leerlauf im Leben. Sie müssen selbst überlegen, ob Aktivität und Ruhe das richtige Maß und den richtigen Zweck haben. Das ist Ihre Entscheidung und Sie tragen die Verantwortung dafür.

Dialog

Zuhörer: Eine Bekannte von mir hat mir gesagt, sie habe ein schlechtes Gefühl, weil sie sehr wohlhabend sei. Sie könne sich gar nicht mehr freuen an ihrem Reichtum. Ich sagte ihr, sie solle doch froh und stolz darüber sein.

P. de Souza: Ja, genau! Sie kann stolz sein. Jeder kann stolz sein auf sich. Warum soll sie sich daran nicht mehr freuen? Das wäre die Philosophie der Verneinung des Lebens. Man erwartet von ihr, dass sie dem Geld – oder wenigstens der Freude daran – entsagen soll. Dafür gibt man ihr die Gelegenheit, ein Schuldgefühl zu entwickeln.
Zuhörer: Aber mit dem Reichtum sollte man etwas Positives tun, damit das Leben schöner wird.
P. de Souza: Ja natürlich! Wer gibt, bekommt. Das ist das Gesetz. Christus hat gesagt: »Wer viel hat, dem wird noch mehr gegeben, und wer wenig hat, dem wird auch das Wenige noch genommen.« Das ist paradox, aber es ist eine große Wahrheit. Je mehr Sie geben, um so mehr kriegen Sie wieder. Je mehr Sie zurückhalten, um so mehr verlieren Sie. Das ist das göttliche Gesetz.
Zuhörer: Aber wenn der Playboy sein Geld dazu verwendet, jeden Tag eine Party zu machen, dann gibt er sein Geld für Zeitvertreib aus.
P. de Souza: Das entscheidet er. Man sollte nicht geben, um etwas zurückzubekommen, sondern man gibt aus seiner eigenen Fülle – geben um des Gebens willen. Man erhält zurück, was man gibt. Gibt er durch seine Partys seine Freude weiter, erhält er auch Freude zurück. Gibt er seine innere Leere durch sie weiter, wird er auch immer leerer und trauriger werden.

Wie die Idee der Verneinung entstanden ist

Den Selbstsabotagetrieb können wir die Philosophie der Verneinung des Lebens nennen. Kranke und neurotische Leute waren schon bei Buddha, bei den Rishis und bei Christus gewesen. Sie haben aus deren Lehren neurotische Interpretationen gemacht. Deshalb wird Christus überall als der Gekreuzigte, als ein sehr trauriger Mann dargestellt. Dabei hat Christus so viel gelacht. Aber das passt nicht zu den neurotischen Menschen. Wenn er traurig ist, dann ist er mehr ihresgleichen. Sie können sich besser mit ihm identifizieren, weil sie selbst traurig sind. »Wie kann Christus lachen, wenn ich so traurig bin?!« Sie gehen den Weg der Traurigkeit, und je mehr Verzicht auf Freude gefordert wird, um so bereitwilliger gehen sie darauf ein, weil sie glauben, dass sie so schneller zu Gott kommen werden. Tatsächlich gehen sie aber nirgendwohin.

Wenn Sie die Gesichter der Einsiedler sehen, können Sie nicht glauben, dass Gott ihnen sehr nahe ist. Sie haben trockene und erloschene Gesichter. Der klassische Lebensentwurf in Indien sieht vor, die ersten 25 Jahre beim Guru zu verbringen. In den nächsten 25 Jahren hat der Mann Familie und Kinder, die folgenden 25 Jahre zieht er sich zurück und berät aus dem Hintergrund die Kinder. *Jetzt ist er 75 Jahre, und nun geht er in den Dschungel, um dem Leben zu entsagen. Er hat in seinem Leben viele Menschen kennengelernt. Viele Auseinandersetzungen und Enttäuschungen hat er erlebt. Jetzt hat er Weltschmerz. Und was lehrt er dann natürlich? Der Weg zu Gott sei, alles loszulassen und aufzugeben.* Das ist doch klar.

So viele Leute kommen zu ihm mit ihren Problemen. Sie machen sich Sorgen um ihren Besitz, um ihre Familien, um ihren Broterwerb. Die Probleme der Menschen ähneln sich immer wieder sehr zu allen Zeiten, auch wenn sie Ochsenwagen statt Autos hatten und in Hütten statt in Häusern wohnten. Früher hatten sie auch Streit mit ihren Frauen. Es gab auch Untreue, obwohl die Sitten sehr streng waren, und Eifersucht – eben alles, was zum Leben gehört. Was sagt nun der Guru, der so vieles im Leben erfahren und so viel gelitten hat? Er sagt zu dem Ratsuchenden: »Du musst deine Wünsche aufgeben. Warum willst du zwei Ochsenkarren haben? Einer genügt doch! Du willst heiraten? Siehst du nicht, was damit auf dich zukommt, was alles passiert? Setz dich hin und meditiere! Gib alles auf! Diese Welt ist Leid! Alles ist Leid. Wenn du meditierst, kommt Gott zu dir. Vergiß allen Streit, alles Leid, alles Versagen. Mehr hat dir das Leben nicht zu bieten«. Und was sagt der Mann, der voller Probleme ist? »Das ist richtig! Streit und Versagen – all das habe ich erfahren«. Dann meditiert er jahrelang, aber er findet Gott nicht. Und wieder weiß der Guru die Lösung: Noch mehr Verzicht!

Zuhörer: Aber wenn der Kopf leer ist, dann habe ich doch endlich Platz für Gott.

P. de Souza: Oh, nein! Es gehört mehr dazu, Gott einzuladen, als ein leerer Kopf. Es gehört Liebe und Bewusstheit, Wissen und Erfahrung, Freude und Fülle in Ihren Kopf und in Ihr Leben, wenn Gott da sein soll. *Nur* für die Leute, deren Kopf voll trauriger und wütender Gedanken ist, hatte Buddha gesagt: »Keine Wünsche haben!« Denn sie waren total durcheinander und konfus. Zu ihnen hat er das gesagt.

Auch Christus hat die Probleme seiner Zeitgenossen angesprochen, indem er sagte: »Kommt zu mir, alle, die ihr mühselig und beladen seid. Ich will euch erquicken.« So etwas hätte er nicht gesagt, wenn alle glücklich gewesen wären. Aber ihr Kopf war beladen. Damals wie heute ist der Kopf der Menschen beladen mit tausend Problemen. Erinnern Sie sich an die Baumstämme, von denen ich erzählt habe? Vor 2000 Jahren bei Christus und vor 2600 Jahren bei Buddha war es dasselbe Problem wie heute.

Zuhörer: Aber die Meister ebnen ihren Schülern doch in meditativen Initiationen den Weg zu Gott.

P. de Souza: Wenn der Guru kommt, dann gibt er Ihnen z.B. einen neuen Namen. Sie heißen dann Berteananda, Christinananda, Klausananda. Was bedeutet das? Was steht in den Büchern?

Zuhörer: Man bekommt damit eine neue Identität, damit man das alte Haus verlässt.

P. de Souza: Aha! Aber mit seinem Bewusstsein ist nichts passiert. Es ist das gleiche wie zuvor. Er hat nur einen neuen Namen. Mit dem neuen Sanskrit-Namen hat er ein Gefühl, als ginge er näher zu Gott. Er bildet sich ein, seine Vergangenheit losgelassen zu haben, und nun kommt eine neue Identität. Er fühlt sich jetzt neu geboren! Er glaubt, er habe sich geändert. In Wirklichkeit aber ist er der Gleiche wie zuvor. Aber er glaubt, er sei jetzt den anderen armen Leuten überlegen, die keine neue spirituelle

Identität haben. So ist es. Die Gurus im Dschungel waren die ersten Psychotherapeuten. Die Leute kamen mit ihren Problemen zu ihnen. Aber die Ratgeber wussten nichts von der richtigen Lösung. Sie sagten: »Ja, wenn du Probleme hast, dann lass sie los. Hafte nicht an der Welt. Mach dich lieber innerlich unbeteiligt.« Sie haben einen Trancezustand erlebt, den Sie als »Verbindung zu Gott« beschreiben. Aber es hat sich dadurch nichts geändert.

Von hier aus geht es weiter

Der Individualist kann nicht mehr beten. Er glaubt nicht mehr an Gott. Deshalb ist es nicht einfach, ihn zu Gott zurückzuführen. Er kann nicht einfach auf die Knie fallen und zu Gott beten. Das gehört zu der ersten Stufe. Er ist aber auf der zweiten Stufe und das ist gut. Denn nur der Individualist hat die Fähigkeit, auf die dritte Stufe hinüberzugehen. Wer auf der ersten Stufe ist, ist ein Teil der Masse. Wer in der zweiten Stufe ist, ist ein Individualist, und er hat Angst. Aber bleiben Sie da nicht! Gehen Sie zur nächsten Stufe! Ich zeige Ihnen, wie Sie zur dritten Stufe weitergehen können.

Die Meditation, die Sie bisher gemacht haben, war gut. Sie hatten so viele Probleme im Kopf. War es schlecht, in die 'Höhle' zu gehen und den Kopf zu beruhigen? Nein! Das war richtig (wenn es vorübergehend war und nicht für Monate oder Jahre)! Sie hatten so viel Kram und Leid im Kopf. Die Meditation hat Ihnen geholfen, das alles aufzuräumen und zu vergessen. Sie konnten sich in dieser Phase frei machen von Ihren Lebensproblemen und ganz ruhig werden. Jetzt können Sie entspannt sein, weil der Stress weg ist. Sie sind ruhig und erleichtert. Nun können Sie sich den Ursachen des Stress' und Ihres Unglücks zuwenden und sie lösen.

Kein Wunder...

Leute, die der Philosophie der Verneinung des Lebens folgen, beschuldigen andere für ihr Leid. Die Welt sei daran schuld und die bösen Menschen. Im Kindesalter werden die Geschwister beschuldigt: »Ich bin gut, aber die sind böse«. Mann und Frau beschuldigen sich gegenseitig. »Männer sind unsere Feinde«, sagen die Frauen. »Sie sind Chauvinisten«. Ist das gut, wenn die Frauen so etwas sagen? Nein! Es fällt auf sie selbst zurück. Sie verlieren so ihre Fähigkeit, die Männer zu lieben.
Oder man beschuldigt sich selbst. Das ist auch sinnlos! »Ich bin schlecht. Das ist meine Schuld. Ich schaffe das nicht. Niemand mag mich.« Wenn Sie sich selbst nicht mögen, wie können dann andere Leute Sie mögen? Zuerst muss man sich selbst lieben. Dann können auch andere Leute Sie lieben. Für die kleinsten Dinge beschuldigen Sie sich selbst. Sie meinen, die Welt auf Ihren Schultern tragen zu müssen. Wenn etwas passiert, fühlen Sie sich dafür verantwortlich. Wenn die Kinder nicht gehorchen, halten Sie sich für eine schlechte Mutter.

Das ist die Philosophie der Verneinung des Lebens. Auf diesem Weg hat man keine Ziele und geht irgendeinem Zeitverteib nach, mit dem die Zeit verschwendet wird. Sie tun nichts. *Sie haben große Fähigkeiten, aber sie schöpfen ihre Talente nicht aus.* Sie arbeiten weit unter ihrer Grenze. Entweder haben sie keine Ziele oder ihre Ziele sind zu niedrig. Dann ist es kein Wunder, wenn sie keine Freude im Leben spüren. Manchmal haben sie auch die falschen Ziele. Z.B. wenn jemand auf den Mount Everest steigen möchte und keine Gelegenheit dazu findet. Er verschwendet sein Talent und sollte sich lieber ein anderes, erreichbares Ziel suchen. Viele betrügen sich selbst. Sie sagen, sie suchen Gott, aber sie tun nichts, um ihre Möglichkeiten zu entdecken und zu verwirklichen. Dabei hatte Gott ihnen diese Möglichkeiten gegeben, damit sie Ihm darin begegnen können.

Dialog

Zuhörer: Manche sagen, man solle immer die Arbeit tun, die gerade jetzt vor der Nase liegt. Das, was im Moment jetzt anliegt, soll man tun, und nicht in der Vergangenheit oder in der Zukunft leben.
P. de Souza: Es ist wichtig, ein Ziel zu haben. Man kann im Augenblick planen, aber es sollte auf ein Ziel ausgerichtet sein. Unsere Planung geschieht jetzt hier, im Moment, aber das Ziel kann immer im Kopf sein. Wir denken dabei an die Folgen der Handlungen in der Zukunft. Das ist die Bedeutung von 'im Hier und Jetzt sein'. Wir sehen, was durch unsere Handlungen jetzt in der Zukunft passieren wird.
Zuhörer: Wenn ich immer nur das tue, was gerade ansteht, dann arbeite ich wie ein gut funktionierendes Fließband.
P. de Souza: Ja. Denken Sie an die zukünftigen Folgen Ihrer jetzigen Handlungen und lernen Sie aus der Vergangenheit, damit Sie nicht die gleichen Fehler wiederholen. So können Sie Ihr Leben selbst in die Hand nehmen und entscheiden, was Sie wirklich tun wollen. Dann sind Sie wirklich im 'Hier und Jetzt'!
Zuhörer: Aber dazu müssen wir die Vergangenheit ja analysieren. Und dann bohrt man immer wieder darin herum und hat das Gefühl, dass man sie nicht loslassen kann.
P. de Souza: Sie brauchen keine Schuldgefühle zu haben. Aber Sie können nur wachsen, wenn Sie wissen, welche Fehler Sie begangen haben. Es entsteht ein Kreislauf, wenn Sie nicht von Ihren Fehlern lernen. John Keats sagte, dass es gut sei, Fehler zu machen, weil man nur dadurch lernen könne, diese Fehler in der Zukunft zu vermeiden. Aber seine Theorie trifft nicht den Kern der Sache, da man so oft die gleichen Fehler wiederholt. Es genügt nicht, den Fehler zu machen. Sie müssen den Fehler auch sehen können. Dann kann es weitergehen.
Zuhörer: Aber ich habe den Fehler doch schon gemacht. Wie kann ich mir nun darüber bewusst werden?
P. de Souza: Erst mal: Andere nicht beschuldigen. Solange Sie andere beschuldigen, können Sie Ihre Fehler nicht sehen.

Zweitens: Nicht sich selbst beschuldigen. Ihr Schuldgefühl verhindert, dass Sie lernen und führt zu Selbstmitleid und Depressionen, jedoch nicht zum Lernen. Es gibt einen richtigen und einen falschen Weg, das Problem anzugehen. *Die falsche Frage ist: »Wer hat mein Leid verursacht?«* Wenn Sie sagen: »Ich habe Pech gehabt«, dann war in Ihren Augen die 'Göttin Pech' dafür verantwortlich und nicht eine fehlerhafte Handlung! Das ist falsch. *Der richtige Weg ist, zu fragen: »Was hat zu meinem jetzigen Ergebnis geführt? Was habe ich getan, was habe ich gesagt, das zu diesem Zustand geführt hat?«* So müssen Sie fragen. Nicht »Wer hat das getan«, sondern »Was ist getan worden?« Nicht sich selbst beschuldigen, nicht die 'Göttin Glück' oder 'Pech' verantwortlich machen, sondern nach den Handlungen fragen. Aber durch Ihr Leid wissen Sie, dass etwas falsch war.
Zuhörer: Aber wenn ich dann erkenne, dass die Situation anders ausgegangen wäre, wenn ich anders gehandelt hätte, dann ist das schon ganz schön bitter!
P. de Souza: Sie machen sich zu viele Selbstvorwürfe: «Wenn ich nicht so gehandelt hätte... Wenn ich den dummen Fehler nicht begangen hätte... Wenn ich nur diese Gelegenheit genutzt hätte...« Das sind falsche Einstellungen. Sie könnten auch glücklich sein, dass Sie jetzt gelernt haben. Das werden Sie Schritt für Schritt erfahren.

Der Maßstab der Lebensbejahung

Ich gebe Ihnen einen Anhaltspunkt, wie weit Sie auf Ihrem spirituellen Weg sind.
Früher haben Sie gesagt: »Ich kann zwei Stunden meditieren und Unglaubliches in meinem Geiste erleben«. Oder Sie haben keinen Unterschied zwischen Gold und Steinen gemacht, da ja alles in Wahrheit nur eins ist. Dies ist aber der Maßstab für einen weltabgewandten Menschen. Für die Philosophie der Bejahung des Lebens brauche ich auch einen Maßstab – aber einen anderen.

Das Kriterium, an dem Sie ganz genau feststellen können, wie weit Sie sind, ist folgendes: Sie haben immer wieder einen schlechten Gedanken einem anderen Menschen oder sich selbst gegenüber, Sie beschimpfen, kritisieren oder beschuldigen. Messen Sie die Zeit zwischen zwei solchen Attacken.

Wie lange kommen Sie ohne Beschimpfung, ohne Verurteilung usw. aus? Wie lange können Sie in einem höheren Bewusstsein bleiben und liebevolle, freundliche oder glückliche Gedanken im Kopf haben?

Dialog

Zuhörer: Betrifft das Verurteilen und Kritisieren nur die Handlungen oder auch die negativen Gedanken?
P. de Souza: Beides! In beiden Fällen ist es eine Beschuldigung. Auch wenn Sie es in Gedanken tun, zählt es. Auch wenn Sie dem anderen, der auf Ihr Hühnerauge getreten ist, aus dem Weg gehen, können Sie doch aus Ihrem höheren Bewusstsein wieder herausfallen, wenn Sie schlecht über ihn denken. In der ersten Stufe ist das o.k. Wenn Sie aber Christusbewusstsein haben, brauchen Sie den Leuten nicht mehr aus dem Weg zu gehen und Sie werden sie dennoch nicht mehr verurteilen. Sie haben Ihr Bewusstsein mit mehr Liebe und Einsicht erfüllt. Wenn der Zeitraum zwischen zwei negativen Gedanken drei Tage beträgt, kommen Sie ins Guinness-Buch der Rekorde. Auch das negative Beurteilen muss vermieden werden.
Zuhörer: Aber das Urteilen brauchen wir ja, wenn wir in der Welt tätig sind, um abzuschätzen, was gut und was nicht gut ist.
P. de Souza: Hier geht es um das negative Beurteilen von Personen, um das Verurteilen: »Das ist ein böser Mensch! Der ist doof.»
Zuhörer: Auch wenn derjenige mir sehr weh getan hat?
P. de Souza: Ja! Das ist Christusbewusstsein. Das ist der Maßstab!

Und nicht, ob Ihnen Gold und Silber gleichgültig sind – also ob Sie von der Welt frei sind.

Zuhörer: Das ist genau das Gegenteil von dem, was viele Ratgeber empfehlen. Sie raten, dass man seine Wut, seine Emotionen, fühlt und auslebt.

P. de Souza: Ja, Sie müssen noch Ihre negativen Emotionen ausleben, weil Sie nicht entwickelt und in das Christusbewusstsein hineingewachsen sind. Aber wenn Sie Ihre Interpretation ändern, dann haben Sie keine Wut mehr. Denken Sie daran: Ihre Wut personifiziert die Ursache des Missgeschicks. Sie beschuldigen Gott oder sich selbst oder die anderen. Wenn Sie aber Ihre Interpretationen mehr an der Realität ausrichten, haben Sie die Möglichkeit, zu der eigentlichen Ursache des Misserfolgs zu finden. Jeder macht Fehler, aber nicht aus bösem Willen. Wenn Sie vom 'Wer' zum 'Was' kommen, verschwindet Ihre Wut. *Das Wunder ist eine Änderung in der Interpretation und dadurch eine Änderung der Gefühle. Die Wahrnehmung bleibt identisch.*

Sie haben Ihre Wahrnehmung interpretiert und deshalb sind Sie ausgeflippt. Diesmal, mit Christusbewusstsein, werden Sie anders interpretieren. Dann sind Sie nicht wütend, obwohl Sie den Fehler sehen! Wie sagte Christus? »Vater, vergib ihnen, denn sie wissen nicht, was sie tun.« Aber solange Sie noch kein Christusbewusstsein haben, werden Sie Ihre Wut ausleben. Das können Sie nicht vermeiden. Die Frage ist – wie? Am besten in ein Kopfkissen hauen.

Zuhörer: Wenn man immer wieder verzeiht und gütig ist, dann kriegt man gesagt, man hätte überhaupt keinen Stolz. Man müsse dem anderen doch die Stirn bieten und die kalte Schulter zeigen.

P. de Souza: Ja, das ist dann aber nicht Christusbewusstsein, wenn man die Stirn und die kalte Schulter zeigt.

Zuhörer: Im Buddhismus wird Stolz auch als eines der Grundübel genannt.

P. de Souza: Ja im Sinne von Überheblichkeit. Aber wir können stolz sein! Sie haben Gott in sich und drücken ihn durch Ihre Gedanken und Taten aus. Das ist gut. Sie bejahen das Leben und zählen die Rosen. Das Geheimnis, glücklich zu sein, ist, die

Rosen zu zählen. Das heißt aber nicht, dass Sie die Realität verneinen, und dass Sie die Dornen nicht sehen.

Zuhörer: Letztes Mal sagten Sie so etwas Schönes: Die Rose duftet immer – egal wer vorbeikommt.

P. de Souza: Ja! Die Rose sagt nicht: »Jetzt kommt eine schöne Frau. Der schenke ich meinen Duft. Aber bei diesem Schurken dort höre ich auf zu duften.« Die Sonne scheint auf die Guten und die Bösen. Aber nicht nur die Sonne scheint auf die Guten und Bösen. Auch der *Regen* fällt auf alle. Aber es regnet mehr auf die Guten – warum?

Zuhörer: Weil die Bösen ihnen die Schirme wegnehmen.

Zuhörer: Der andere kann seinen Fehler oft nicht sehen. In diesem Falle soll man mit ihm kommunizieren.

P. de Souza: Ja, genau! »Kommunizieren« – das ist das richtige Wort. Mit dem anderen sprechen, nicht ihn verdammen.

Welches Rad bekommt am meisten Öl? Das, welches am lautesten quietscht. Die Guten sind die Guten, weil sie sich vor dem Regen nicht verstecken. Sie wenden sich nicht vom Leben ab. Sie haben keine Angst vor dem Regen, vor den Herausforderungen des Lebens. Deshalb können Sie auch Menschen mit Fehlern lieben. Und man lernt durch Fehler.

Eine Schwierigkeit ist, seine eigenen Schwächen festzustellen, ohne sich böse zu sein. Nur so kann man selber auch wachsen. Insofern muss man auch kritisch sich selbst gegenüber sein – wenn man sich akzeptiert! Dann wird man sich geistig reinigen, weil man sich akzeptiert; denn man möchte bewusst werden.

Zuhörer: Die Schwierigkeit dabei ist, dass wir uns in unseren negativen Teilen nicht gut akzeptieren können.

P. de Souza: Ich akzeptiere alles, ich mache es bewusst. Wenn ich Wut habe, dann bin ich mir dieser Wut bewusst. Ich akzeptiere diese Wut. Wenn ich sie bewusst erlebe, dann dringe ich zu den Ursachen der Wut durch, zu meinen falschen Einstellungen. Dann habe ich die Möglichkeit, diese Einstellungen zu verändern und dann geht die Wut weg. Aber wenn ich mich selbst beschuldige, dann habe ich ein schlechtes Gefühl. Ich muss das Schlechte unterdrücken und verdrängen. Davon geht es nicht weg. Bei der nächsten Gelegenheit kommt es wieder hoch. Es sei denn, Sie verneinen das Leben. Das ist genau das, was die Gurus empfohlen haben. Dann kommen die Probleme nicht mehr hoch, weil Sie alle Verbundenheit aufgegeben haben. Wenn Ihnen alles gleichgültig ist, macht es Sie auch nicht mehr wütend. So kommen Sie aber nicht zu Gott, weil Sie nichts tun und Ihm in Gestalt Seiner Schöpfung aus dem Wege gehen. Sie müssen aber etwas riskieren, auch auf die Gefahr hin, dass Sie Fehler machen. Aber dadurch können Sie wachsen. Es geht nicht immer alles in Ordnung. Das wissen Sie, aber die Gelegenheiten, um etwas besser zu machen, sind immer da. Sie können deshalb Ihr Leben sinnvoll gestalten. Das liegt an Ihnen.

Die Lösung

Sie im Westen haben viel Wohlstand. Die östlichen Menschen fühlen sich als sprituelle Menschen den Materialisten überlegen. Aber die Westler haben Wohlstand erlebt, und sie haben festgestellt, dass er nicht zu Glückseligkeit führt. Die Gefahr ist jetzt, dass sie nun in die Philosophie der Verneinung des Lebens hineinrutschen. Dann sind sie so klug wie am Anfang. Durch materiellen Wohlstand können Sie zu Gott kommen. Aber das ist ein gefährlicher Satz. Sie sollten nicht glauben, dass Sie Gott erreichen, indem Sie einfach nur materiellen Wünschen hinterherjagen. Armut führt Sie nicht zu Gott. Reichtum auch nicht. Wie aber sieht die Lösung aus?

Die Bejahung des Lebens ist ein Leben in Bewusstheit und Liebe. Das ist der Unterschied. Nicht dass Sie die Welt einfach nur genießen, ein Hedonist werden und z.B. an irgendwelchen Orgien teilnehmen. Denken Sie daran: Was ist der Maßstab für unseren Weg? Der Maßstab ist nicht, wieviele Stunden Sie meditiert haben, auch nicht, wieviel Geld Sie besitzen, sondern wie groß der Abstand zwischen zwei verurteilenden, negativen Gedanken ist – mitten im vollen Leben, nicht in der Höhle! Und nicht mit leerem Kopf, sondern voller Positivität.

Jetzt müssen Sie wach sein. Jetzt stehen Sie mit dem Rücken zur

Wand und können sich selbst nicht mehr betrügen. Wenn Sie früher alle zehn Minuten einen schlechten Gedanken hatten, und jetzt nur alle zwanzig Minuten – dann ist das ein großer Fortschritt!
Wenn Sie Ihren schlechten Gedanken die Macht nehmen wollen, können Sie nicht ausweichen. Der Fortschritt ist genau messbar. Wenn Sie aber Ihre schlechten Gedanken beobachten, dann beschuldigen Sie sich bitte nicht selbst! Das ist nicht das Ziel. *Akzeptieren und verzeihen Sie auch sich selbst! Versuchen Sie, den Abstand zu vergrößern, aber haben Sie kein Schuldgefühl, wenn es immer wieder nicht gelingt.* Der Abstand wird wechseln zwischen langen und kurzen Intervallen. Beobachten Sie nur – ohne Schuldgefühl.
Lernen Sie, negative Gedanken zu identifizieren! Traurigkeit z.B. gehört nicht zu den schlechten Gedanken, die Sie beobachten sollen, sondern nur, wenn Sie jemanden kritisieren und verurteilen. Versuchen Sie, nur an diesem Aspekt zu arbeiten. Sie können nicht gleich 100% heilig werden.

Dialog

Zuhörer: Wir leben ja heute in einer Zeit, in der wir sehr viel von Luxus umgeben sind. Die Menschen werden von ihren Wünschen nach noch mehr Besitz in Atem gehalten, weil sie ja das Geld dafür verdienen müssen. Und sie bleiben dadurch total in der Materie hängen und kommen nicht dazu, sich um ihr spirituelles Wachstum zu kümmern.
P. de Souza: Kommt man zu Gott, indem man diesen Dingen entsagt? Indem man sagt: »Die Welt ist häßlich, ich möchte nicht diesen materiellen Dingen anhaften«. Ist das nicht Verneinung? Durch solche Gedanken entstehen Schuldgefühle, wenn Sie ein Auto oder Schmuck haben wollen. *Sie glauben, dass Sie durch diese materiellen Dinge weg von Gott kommen. Aber Gott ist auch diese Materie. Gott hat diese Welt gemacht. Können Sie die Eltern lieben und die Kinder hassen? Können Sie die Welt hassen und Gott lieben?* Wer hat diese Welt geschaffen? Gott! »Lieber Gott, laß uns nicht von Deiner hässlichen Welt reden. Die will ich nicht.

Ich will nur dich!« Meinen Sie, dass Sie so zu Gott kommen?
Zuhörer: Mir geht es oft so: Wenn ein Wunsch erfüllt ist, kommen immer noch mehr Wünsche.
P. de Souza: Um so besser! Sie haben immer noch die Verneinung des Lebens im Kopf. Sie haben immer noch ein Schuldgefühl, wenn Sie Freude an dieser Welt haben. Arbeiten Sie mit guten Werten und erfüllen Sie sich Ihre Wünsche! Je mehr Wünsche Sie sich erfüllen, um so mehr nehmen Sie an der unendlichen Fülle Gottes teil!
Zuhörer: Aber das heißt doch, dass man irgendwann merkt, wenn man alle Wünsche gehabt hat: Das bringt's eigentlich alles nicht.
P. de Souza: Warum nicht? Haben Sie keine Angst, dass Sie sich jemals alle Wünsche erfüllen könnten! So klein hat Gott weder die Welt noch Ihre Bedürfnisse gemacht! Sie können sich immer wieder neue Ziele setzen.
Zuhörer: Heißt das, dass man durch die materiellen Wünsche zu Gott kommt?
P. de Souza: Zu Gott kommen Sie durch Weisheit und Liebe. Reichtum sinnvoll genutzt kann Ihnen den Weg erleichtern.
Zuhörer: Aber wir wissen doch – wenn man im Schloss wohnt und von goldenen Tellern isst – Buddha ist da weggegangen.
P. de Souza: Da hatte er auch seine späteren Einsichten noch nicht gefunden. – Kennen Sie den Mann, der von heute auf morgen seine Frau verlassen hat?
Zuhörer: Nein, Gott sei Dank nicht!
P. de Souza: Buddha hat das getan. Er war auch Opfer der Philosophie der Verneinung des Lebens. Er ging in den Dschungel und traf dort die alten Yogis, die dem Weg der Verneinung des Lebens folgten. Dann hatte er auch nur einmal am Tag ein paar Löffel Reis gegessen.
Zuhörer: Dann wurde er doch von seiner Frau gerettet.
P. de Souza: Nein, nicht von seiner Frau. Es war eine andere Frau. Eine Bauersfrau hat ihm Milch und Reis gegeben. Der Weg zur Weisheit geht nicht über Entsagung. Sie werden Ihr Bewusstsein nicht durch Nichtanhaftigkeit erhöhen, nicht durch

Gedankenlosigkeit, nicht durch Egolosigkeit, nicht durch Wunschlosigkeit, nicht durch Verneinung des Lebens. Aber wie dann?
Zuhörer: Durch *Liebe* und Freude am Leben. Durch Arbeit und Wohlstand, durch Bewusstheit, *Weisheit,* positives Denken, kreative Arbeit als Schöpfung im Sinne Gottes, Dankbarkeit, Achtsamkeit, Beten, Lernen, Verzeihen, Geduld, Genauigkeit, Verlässlichkeit, Gottes Gesetze in der Welt sichtbar machen, eine Familie glücklich machen, Kinder gut erziehen, die Werte Gottes leben, Gott in sich selbst erkennen, stolz sein.
P. de Souza: Alles, was Sie gesagt haben, ist richtig. Ich werde jetzt alles über den Weg der Bejahung des Lebens zusammenfassen: »Wir flüchten nicht vor leidvollen Erfahrungen, aber wir lassen uns auch nicht von ihnen bestimmen.«
Zuhörer: Aber sind wir denn auf die Welt gekommen, um nur leidvolle Erfahrungen zu sammeln?
P. de Souza: Sie sind göttliche Wesen, die menschliche Erfahrungen suchen. Dazu gehört es, Fehler zu machen und zu lernen. Dabei kommen Sie an leidvollen Erfahrungen nicht vorbei. Wichtig ist, dass Sie Ihre Haltung nicht von diesen Erfahrungen bestimmen lassen, sondern dass Sie sich an positiven Perspektiven orientieren.

Keine Angst vor Leidenschaft

Hier ist ein Test für Sie: Haben Sie aufgehört, Ihrer Frau wehzutun? Natürlich psychisch, meine ich! Ja oder Nein? Das ist eine Trickfrage. Durch Ihre Antwort – egal ob ja oder nein – bestätigen Sie, dass bei Ihnen so etwas grundsätzlich vorkommen kann.
Trotzdem ist es nicht der Sinn der Lebensbejahung, sich selbst zu unterdrücken. Aber was war bisher die Folge, wenn Sie sich freien Lauf ließen? Ahimsa (Gewaltlosigkeit) sagen die Inder. Und so viel Gewalttätigkeit gibt es dort! *Warum sind die Inder – und natürlich auch viele andere Menschen – beim geringsten Anlass so gewalttätig? Sie*

sind von Geburt an an ihren Glauben gewöhnt. Wenn er von jemandem in Frage gestellt wird, dann fühlen sie sich bedroht. Denn der Glaube ist nur übernommen, nicht selbst erfahren. Deshalb fühlen sie sich nicht sicher. Eigentlich haben sie Zweifel. Und diese Zweifel wollen sie unterdrücken. Wenn etwas Kritisches gesagt wird, kommen diese Zweifel wieder hoch.

Wie bei einem Schüler von Mahatma Gandhi. Wenn er Geldspenden bekam, hat er das Geld ohne es eines Blickes zu würdigen weggesteckt. Warum schaut er es nicht an, wenn es für ihn nicht wichtig ist? Er hat Angst, dass in ihm seine Wünsche hochkommen. Oder in der Ramayana wird erzählt, dass die indische Königin Sita entführt worden sei. Der König Rama und sein Bruder Lakschman suchten sie. Der Affengott Hanuman fand Schmuck und fragt Lakschman: »Gehört dieser Schmuck der Königin? Du warst immer bei ihr.« »Das weiß ich nicht«, antwortete er, »ich habe immer nur auf ihre Füße geguckt.« Sie war die schönste Frau des Landes. Er hatte Angst vor seiner Leidenschaft.

So etwas wollen wir nicht. Wir wollen frei sein. Unser Weg ist der Weg der Bejahung des Lebens, der Weg der Bewusstheit und Liebe! Akzeptieren Sie sich selbst. Wenn Sie Bewusstheit und den Wunsch nach Liebe entwickeln, ist die Kontrolle automatisch eingebaut. Dann brauchen Sie keine Angst vor unterdrückten Trieben zu haben; denn Sie werden Ihre Einstellungen verändern und die negativen Gefühle werden die Macht über Sie verlieren und statt ihrer werden positive Gefühle in Ihnen wachsen.
Weil den Indern jahrtausendelang Ahimsa (Gewaltlosigkeit) gepredigt worden ist, haben sie ihre Gewalttätigkeit verdrängt. Beim geringsten Anlaß tritt sie jedoch offen zu Tage. Ahimsa ist eine schöne Lehre. Aber was ging schief? Sie haben nicht gelernt, ihre Gewalttätigkeit zu beobachten und dadurch die negativen Einstellungen dahinter zu identifizieren.

Dialog

Zuhörer: Wenn ich Fehler gemacht habe und andere auch. Wie verhalte ich mich, ohne die anderen zu beschuldigen und ohne mich selbst immer nur zu beschuldigen?
P. de Souza: Sie haben nicht die Pflicht, andere auf ihre Fehler hinzuweisen. Verlassen Sie sich auf Gott. Gott hilft jedem zu lernen. Sie müssen das nicht übernehmen.
Zuhörer: Aber wenn man von den Fehlern betroffen ist, die andere machen?
P. de Souza: Kommunizieren Sie liebevoll und weise mit ihm. Das ist es, was Christus sagte. Entwickeln Sie Christusbewusstsein. Was ist das?
Zuhörer: Christus sagte am Kreuz: »Vater vergib ihnen, denn sie wissen nicht, was sie tun«. Wenn ich mir diesen Satz ins Gedächtnis rufe in dem Moment, in dem ich verletzt werde, dann kann ich mit der Zeit Kraft bekommen zu verzeihen. Es wird nicht immer gelingen, aber es wächst.
P. de Souza: Ja, nicht immer. Aber man kann es versuchen. Das ist das Wunder.
Zuhörer: Ich habe verziehen und einen Schlussstrich gemacht. Wenn die Sache nun aber immer weitergeht ...?
P. de Souza: Wenn Sie Christusbewusstsein haben, verzeihen Sie immer wieder. Christus sagte, man solle seinem Bruder 7 mal 70 mal verzeihen. Wie oft müssen Sie dann wohl Ihrem Chef verzeihen?
Aber so erlangen Sie Christusbewusstsein. Nicht, indem Sie doch wieder die Verantwortung an andere abgeben.
Zuhörer: Ich verzeihe jemandem, und gleichzeitig denke ich daran: »Du, jetzt habe ich dir schon ein halbes Jahr lang verziehen, und du hast dich immer noch nicht geändert.«
P. de Souza: Das ist kein Verzeihen. Verzeihen heißt, dass man nicht versucht, den anderen zu ändern. Vielmehr nehmen Sie ihn so, wie er ist und achten ihn als Kind Gottes – trotz seiner Schwächen. Zählen Sie also nicht nur seine Dornen! Achten Sie auf seine Vorzüge. Jeder hat auch Vorzüge! Viele Vorzüge!

Zuhörer: Wenn ich bei einem anderen immer so tue, als wäre das kein Fehler, heißt das, dass ich den Fehler überhaupt nicht identifizieren soll? Da ist doch etwas. Wenn er verletzt hat, dann hat er doch tatsächlich verletzt.
P. de Souza: Ja, Sie können ihn für sich be- aber nicht verurteilen.
Zuhörer: Kann man den anderen Menschen denn nicht stoppen, wenn es einen immer wieder betrifft?
P. de Souza: Es betrifft Sie nicht. Das Wunder heißt, dass Sie es anders sehen. Und Sehen ist Interpretation.
Zuhörer: Das Problem ist aber doch, dass die falsche Sicht des anderen mein Leben in der Praxis beeinflussen kann, dass sie negative Auswirkungen für mich hat, dass ich z. B. einen Job nicht bekomme... Da kann ich ihm natürlich verzeihen als Mensch, aber ich leide unter der Handlung des anderen.
P. de Souza: Wenn Sie mit der Situation nicht zurechtkommen und negative Gefühle entwickeln, dann versuchen Sie, dem Menschen – wenn es möglich ist – aus dem Weg zu gehen.
Zuhörer: Aber wenn man nicht verhindern kann, dass mir oder anderen Menschen Leid angetan wird durch ein unmögliches Verhalten, und man muss dieses Leid ertragen! Da muss man doch irgend etwas tun!
P. de Souza: Sie können durch Ihre Tugenden Vorbild sein. Sie können die guten Werte selbst ausstrahlen. Wenn Sie das tun, hat sich schon viel verändert. Achten Sie auf Ihre Gedanken und füllen Sie sie mit freundlichen Inhalten.
Man soll anderen helfen, aber um zu wissen wie, brauchen Sie ein hohes Bewusstsein, also viele Erfahrungen und Einsichten in die Zusammenhänge – und natürlich ein großes Herz.
Zuhörer: Aber muss man so lange zugucken, wie einer dem anderen wehtut?
P. de Souza: Wir müssen dem Leid nicht zusehen, sondern das Bewusstsein der Menschen erhöhen. Ein Mensch mit höherem Bewusstsein tut einem anderen nicht weh. *Aber beginnen Sie selbst damit.*

Sie entscheiden selbst

Ihre Gedanken sind wichtig! Sie sind Ihre Gedanken. Wie Sie denken, so werden Sie! Die hilfsbedürftigen Leute, die zu Buddha und den Rishis kamen, hatten verwirrte, schlechte, negative und falsche Gedanken. Deshalb waren sie traurige Menschen. Buddha hat das erkannt und sagte: Die Gedanken führen zu diesem Zustand.

> Aber natürlich können Gedanken auch zur Glückseligkeit führen.

Wollen Sie Leute um sich haben, die nicht denken? Menschen müssen denken. Sie müssen selbst entscheiden, wen Sie heiraten, ob Sie sich scheiden lassen, ob Sie Salat essen oder was Sie sonst alles tun. Fragen Sie andere nicht, was Sie tun sollen. Sonst gewöhnen Sie sich daran, nicht zu denken. Sie können mit anderen ein Problem oder einen Plan besprechen, aber entscheiden und Verantwortung tragen müssen Sie selbst. Sie schaffen das, wenn Sie Vertrauen zu sich haben, wenn Sie Ihr Selbstwertgefühl erhöhen. Darum geht es auf dem Weg der Lebensbejahung. Tun Sie etwas! Sitzen Sie nicht in der Höhle! Sonst geht Ihr Selbstwertgefühl ganz in den Keller. Lernen Sie!

Je mehr Sie selbst entscheiden, um so besser. Aber dazu brauchen Sie ein Ziel. Und es muss erreichbar sein. Wenn Sie total niedergeschlagen sind, dann beginnen Sie mit kleinen, schnell erreichbaren Zielen, z. B. einen Brief schreiben, jemanden anrufen, ein neues Rezept ausprobieren und vielen kleinen Dingen, damit Sie Erfolge erleben können. Das erhöht langsam Ihr Selbstwertgefühl. Später kann man langfristige Ziele stecken, z.B. wollen Sie etwas lernen. Wenn das Ziel gesteckt ist, streben Sie kontinuierlich danach. Sollte sich herausstellen, dass das Ziel zu hoch oder zu weit gesteckt ist, dann ändern Sie es. Es muss nach Ihren eigenen Möglichkeiten erreichbar sein. *Sehen Sie, was für Eigenschaften Sie haben. Gott hat Ihnen Talente gegeben. Sie sollen damit großzügig umgehen und sie nicht verkümmern lassen.* In der Bibel steht eine Geschichte darüber. Ihre

Quintessenz ist: Wer viel hat, der bekommt noch mehr dazu. Wer wenig hat, dem wird auch das noch genommen. Das ist eine sehr große Wahrheit. Wählen Sie sich ein Ziel und streben Sie danach, es zu erfüllen. Das Ziel soll Ihnen Zufriedenheit geben. Sie sollen damit glücklich werden.

Meditation

Wenn Sie merken, dass ein Ziel falsch war, können Sie es immer wechseln. Ziele sind erreichbar. Wenn es nicht so ist, haben Sie etwas falsch gemacht – entweder das falsche Ziel oder einen Fehler bei der Durchführung. *Schalten Sie die Vernunft ein und finden Sie heraus, was falsch war, und ändern Sie dann den Fehler konsequent. Beschuldigen Sie nicht die anderen, sondern finden Sie Ihre eigenen Fehler heraus. Ihre Fehler können Sie korrigieren!* Gerade in diesem Fall gilt also: Gedanken einschalten, nicht ausschalten! Wenn Sie aber total verwirrt und am Boden zerstört sind, dann meditieren oder beten Sie! Gedanken erst mal ausschalten, sich beruhigen, die Last entfernen. Aber die Probleme gehen so nicht weg. Durch Meditation lernt man, Gedanken zu beruhigen und zu konzentrieren. Dann kann man die Probleme besser bearbeiten und lösen.

Kontakt zum Superbewusstsein

Außerdem kann durch Meditation die Lösung des Problems kommen. Das kann aber erst dann geschehen, wenn Sie ausführlich über alle Aspekte des Problems nachgedacht und alle Alternativen analysiert haben. Wenn Sie jetzt nicht weiterkommen – dann können Sie meditieren oder etwas anderes tun, z.B. spazieren gehen oder Fußball spielen. Dann kommt die Lösung plötzlich. *Aber was hat zur Lösung geführt? Die Gedankenarbeit vorher!* Jetzt sind alle Teile des Puzzles vorhanden, und Sie können nun Zugang zum Superbewusstsein finden. Das gibt Ihnen die Integration der Teile. Sie haben Ihr Bewusstsein zunächst intensiv benutzt und nun schalten

Sie es aus und entspannen sich. Das Bewusstsein wird an das Superbewusstsein angeschlossen, und die Lösung kommt plötzlich – besonders wenn Sie kein Blatt Papier bei sich haben. Die Lösung scheint so selbstverständlich zu sein, dass man denkt, man wird sie nicht mehr vergessen. Aber das ist ein Irrtum. Also immer gleich aufschreiben. Das ist das Geheimnis aller schöpferischen Tätigkeiten. Nachdem man alle Aspekte gedanklich zusammengetragen hat, kommt die Lösung 'im Schlaf'. *Erst die Gedanken intensiv einschalten, dann ausschalten.* Christus sagte: »Sie werden die Werke auch tun, die ich tue, und Sie werden sogar größere als diese tun.«

Die Kraft der Gedanken

Vor Problemen zu fliehen ist nicht lohnend. Dabei muss zu viel unterdrückt werden. Nur indem man es durchlebt, kann man frei davon werden. Das geschieht durch Bewusstheit. Dann lernen Sie, die Welt zu verstehen und gute Werte in sich zu entwickeln. Dadurch werden Sie selbst zu einer Quelle der Freude und Liebe auf dieser Welt. Dann folgen Sie Christus und tun Seine Taten. Dann verwandeln Sie sich zu dem Menschen, der Sie sein können. Ihre negativen Einstellungen verlieren ihre Kraft. Wenn Sie sie aber nur einfach unterdrücken, kommen sie wieder hoch, und zwar stärker als zuvor!

Unsere Gedanken können uns erheben oder herunterziehen. Sie werden, was Sie denken! Seien Sie deshalb aufmerksam gegenüber dem, was Sie denken!

Wenn ein Geschäftsmann erfolgreich ist, entsteht das nur aus seinen Gedanken. Oder Sie können erhaben sein wie Thomas von Aquin. Sein Erfolg kommt wegen seiner erhabenen Gedanken. Oder Sie können ein kreativer Mensch sein, ein Maler oder Schriftsteller, Ihr Erfolg entsteht wegen Ihrer Gedanken. Wenn Sie ein Gangster sind, dann sind Sie es auch wegen Ihrer Gedanken. Bemühen Sie sich also, Verantwortung für Ihre Gedanken zu übernehmen. Wenn Sie Erfolg haben, wird es wegen Ihrer Gedanken sein. Alles, was Sie tun, bereiten Sie in Ihren Gedanken vor. Jeder Plan, jede Hoffnung, jede

Absicht entsteht dort. Jedes Gefühl nimmt seinen Ausgang in Ihrem Geiste und so lenkt der Geist alle Schritte, die Sie in Ihrem Leben gehen werden. *Schauen Sie sich Ihre Gedanken an: sind es die Gedanken des Menschen, der Sie sein wollen?* Dies ist der Weg der Lebensbejahung.

Dialog

Zuhörer: Aber das ist ja das Schwierige: die Gedanken so auf Hochtouren zu bringen. Das ist eine Anstrengung.
P. de Souza: Ja, das ist eine Anstrengung. Deshalb sagen die Gurus: »Nicht denken«, und die Leute sind froh. Aber alles Wertvolle hat seinen Preis.
Zuhörer: Insofern gehört doch ein gewisser Ehrgeiz dazu, sonst wird das Denk-Instrument nicht brillant.
P. de Souza: Ja, natürlich! Ehrgeiz ist in Ordnung. Benutzen Sie Ihren Kopf und bringen Sie ihn auf Hochtouren. Sie allein sind für Ihren Charakter und Ihr Schicksal verantwortlich! Sie können sich Rat von anderen holen. Aber die können nicht verantwortlich für Ihren Erfolg gemacht werden. Sie allein sind dafür zuständig.

Höhen und Tiefen

Sie brauchen nicht zu versuchen, immer Erfolg zu haben. Im Leben gibt es immer Höhen und Tiefen. Wichtig ist, einen langfristigen Erfolg zu haben. Nach jedem Jahr können Sie erleben, dass Ihre Kurve nach oben gestiegen ist. Ihre Höhen sind höher und Ihre Tiefen nicht mehr so überwältigend. Und glauben Sie nicht, dass Sie immer versagen werden, weil Sie einmal versagt haben. Sie sind ein Perfektionist, deshalb sind sie sehr traurig und beschuldigen sich, weil Sie Misserfolg hatten. Dann wollen Sie der Welt entsagen und ziehen sich aus dem Leben zurück. Das aber ist nicht richtig. Jeder kennt das Versagen. Ohne Versagen kann man nicht zu Erfolg kommen. Durch Versagen lernt man. Versuchen Sie aber nicht, Schleichwege zu finden.

Sie müssen bereit sein, zu arbeiten. Die Erfolgreichen haben viel gearbeitet. Wenn Sie sagen: »Er hatte Talent, er hatte Glück« – Nein! Das ist es nicht, sondern er hatte viel gearbeitet. Aber das sehen Sie nicht! Sie sehen nur seine Erfolge. Dann fühlen Sie sich von der Welt betrogen.

Dialog

Zuhörer: Sollen wir dann möglichst viel arbeiten?
P. de Souza: Es geht nicht darum, möglichst viel zu arbeiten. Es geht darum, dass Sie Ihren Zielen nachgehen und dadurch Freude am Leben haben. Arbeiten Sie gewissenhaft und verfolgen Sie Ihre Ziele. Überlegen Sie sich eine sinnvolle Vorgehensweise und optimieren Sie Ihre Pläne immer wieder nach den neuen Gegebenheiten. Machen Sie alles bewusst. Danken Sie Gott für Ihre Talente und Ihren Wohlstand und für die Möglichkeit, Ihre Talente auszuüben.

Die drei Aspekte der Bejahung: 1. Bewusstheit

Was lehren wir in der Philosophie der Bejahung des Lebens? Bewusstheit, Liebe und Logik. Das ist unser Anfang. Sprechen wir zuerst über Bewusstheit: Christus hatte von Bewusstheit und Liebe gesprochen. »Seid wach«, lehrte er, »und liebt Gott und eure Nächsten wie euch selbst.«
Wenn Sie nicht bewusst sind, dann können Sie Gott nicht erfahren. Wenn Sie viel meditieren, dann können Sie ausgeglichener sein. Das kennzeichnet aber Ihren Bewusstseinszustand nicht. Das ist nicht Spiritualität. Sie zeigen nur, dass Sie viel geübt haben. Das ist alles. Als König Midas jahrelang meditiert hatte, kam ein Deva vom Jenseits und fragte ihn, was er sich wünsche. Er hatte Wünsche, was gut ist. Aber Sie brauchen dabei auch Bewusstheit. Durch Bewusstheit können Sie sich viele negative Erfahrungen ersparen.

König Midas wünschte sich: »Alles, was ich anfasse, soll in Gold umgewandelt werden. Dann bin ich der reichste Mann der Welt«. Dieser Wunsch wurde ihm erfüllt. Aber ist er dadurch glücklich geworden? Er hatte seine Tochter berührt, und sie wurde in Gold umgewandelt. Jetzt hatte er plötzlich keine Freude mehr an Gold.
Selbst wenn Sie z.B. beim Handeln gute Absichten haben, können Sie mehr Schaden anrichten als Gutes zu tun. Einmal saß ein Affe am Strand des Meeres und versuchte, die Fische aus dem Wasser zu holen. Da kam eine Katze vorbei und fragte ihn, warum er das denn tue. Darauf antwortete der Affe: »Oh, das ist ganz einfach. Ich rette die Fische vor dem Ertrinken.« Wenn Sie keine Bewusstheit haben – bitte nichts Gutes tun! Sie könnten Schaden anrichten! Bewusstheit heißt, seine Handlungen zu beobachten, aber vor allem, zu wissen, was man denkt. Oder Sie werden wie Prokrustes. Er hatte ein Hotel mit nur einem Bett. Aber jeder Gast würde hineinpassen, sagte er. Wenn er zu klein wäre, würden seine Beine gestreckt, wenn er zu lang wäre, würden sie abgehackt. Das ist eine prokrustianische Lösung. Das tun wir. Wir sehen nicht die individuellen Eigenschaften, sondern wir geben einen Anzug für alles. Bewusstheit bedeutet aber, die Realität sehen und verstehen zu lernen, anstatt sie sich so zurechtzulegen, wie es uns angenehm ist.

Die drei Aspekte der Bejahung: 2. Logik

Wir können die Welt nur so nehmen, wie sie ist. Deshalb ist Logik wichtig. Ein Hase ging durch den Wald und traf einen Wolfshund. »Was bist du denn für ein Tier?«, fragte er ihn. »Ich bin ein Wolfshund. Mein Vater war ein Wolf, und meine Mutter war ein Hund.« Der Hase hoppelte weiter und traf einen Maulesel. »Was bist du denn für ein Tier?«, wollte er wieder wissen. »Ich bin ein Maulesel. Mein Vater war ein Pferd, und meine Mutter war ein Esel.« Da traf der Hase noch ein anderes Tier. »Was bist du denn für ein Tier?«, fragte er es. »Ich bin ein Ameisenbär!« »Das glaube ich nicht!«, sagte der Hase da aus tiefster Überzeugung. – Der Hase hatte falsche Logik. Ohne Logik können Sie die Welt nicht verstehen und Bewusstheit entwickeln.

Jedoch gibt es etwas jenseits von Logik. Das ist das Wesen der Dinge. Durch Logik gewinnen wir Argumente, die zur Wahrheit führen. Aber es gibt höhere Wahrheiten, die nicht durch Argumente bewiesen oder hergeleitet und die von der Logik auch nicht verstanden werden können. Das heißt aber nicht, dass Logik sinnlos ist. – Es war einmal ein Schiff. Es hieß »MS Logik.« Auf dem Schiff lebte ein Vogel. Er suchte das Land. Immer wieder flog er weg vom Schiff, aber nicht zu weit, damit er das Schiff jederzeit wieder erreichen konnte. – So sollten Sie mit Logik umgehen. Mit einem verwirrten Kopf können Sie nicht zu Gott kommen.

Wenn Sie Logik benutzen, dann haben Sie eine Orientierung in der Realität. Logik schützt Sie vor Verwirrung. Wenn Sie allerdings zum Wesen der Dinge vordringen, dann ist das jenseits von Logik. Logik kann dieses höhere Sein nicht erklären. Ich gebe Ihnen ein Beispiel für eine solche höhere Wahrheit: »Wir sind göttliche Wesen, die eine menschliche Erfahrung suchen.« Wir sind nicht Menschen, die Gott suchen, sondern umgekehrt. Das können Sie nicht mit Logik erklären. Das ist eine andere Wahrheit. Die Logik fragt: »Warum werden wir hier als Menschen geboren?« Weil der Geist Erfahrung braucht. Der Mind fragt: »Warum brauchen wir Erfahrungen in einem Körper? Können wir Erfahrungen nicht auch in der geistigen Welt sammeln?«

Logik ist für die intellektuelle Ebene zuständig. Sie soll Sie vor Irrtümern schützen. Nur dann können Sie in die spirituelle Sphäre eindringen. Sie verlieren dann nicht Ihren Bezug zur Realität. Ihre Wurzeln sind tief in der Erde verankert, aber Sie haben Flügel für den Himmel. Je höher der Baum ist, um so tiefer gehen die Wurzeln.

> Je spiritueller Sie sind, um so mehr Logik müssen Sie benutzen.

Viele Menschen reden Unsinn. Wenn wir sie nicht verstehen, halten wir sie vielleicht für sehr weise. Wo ist die Grenze? Nur weil Logik missbraucht werden kann, heißt das nicht, dass man sie ausschalten sollte. Feuer kann das Haus verbrennen. Trotzdem benutzen wir es, um schöne Mahlzeiten zu kochen. Alles kann gefährlich sein und missbraucht werden.

Die drei Aspekte der Bejahung: 3. Liebe

Um die Dinge richtig zu benutzen, brauchen wir auch Liebe. Man muss in der Lage sein, Liebe zu empfangen und Liebe zu geben. Aber es ist nicht leicht, Liebe zu empfangen. Wenn z.B. einer zu viel Liebe gibt, dann zieht sich der andere zurück oder geht weg. Wenn der Mann zu viel Liebe zeigt, sagt die Frau: »Deine Liebe brauche ich nicht. Ich bin unabhängig von deiner Liebe. Aber wenn du mir Liebe geben willst, dann bin ich großzügig genug, sie zu empfangen. Ich tue dir den Gefallen.« Es ist schwierig, wenn beide im gleichen Maße Liebe geben und empfangen. Immer ist es möglich, dass sich einer davor erschreckt und sich eingeengt fühlt. Viele Männer fühlen sich von der Liebe ihrer Frau eingeengt. Sie kommt ihnen zu nahe.

Jesus hatte Durst und kam zu einem Brunnen. Dort war eine Samariterin. Jesus bat sie um Wasser. Sie wunderte sich, weil die Juden mit Leuten aus Samaria gewöhnlich nichts zu tun haben wollten. Jesus sagte zu ihr, sie könne ihm nur Wasser geben, nach dem man wieder durstig werde. Er aber könne ihr Wasser geben, das ihren Durst auf ewig stillen und einen Brunnen des ewigen Lebens in ihr schaffen könne. Jesus wollte ihr etwas geben, aber das konnte sie nicht akzeptieren, weil es sie klein machen würde. Deshalb bat Jesus sie um eine Kleinigkeit. Sie sollte ihm Wasser geben. Dann fühlte sie sich nicht klein und war in der Lage, die Liebe Christi entgegenzunehmen.

Dialog

P. de Souza: Es ist schwierig, bewusst zu sein, zu lieben und Liebe zu empfangen. Sie brauchen Zeit, um das zu üben.
Zuhörer: Oft hat man ja gar keine Gelegenheit dazu.
P. de Souza: Ach, Sie haben immer die Möglichkeit gehabt! Sie waren die Samariterin, und Christus war da und hat um Wasser gebeten und hat Ihnen das Wasser des ewigen Lebens angeboten. Aber Sie haben nicht begriffen. In der alten Tradition und in den alten Ritualen ist alles sicher. Aber wenn eine neue Idee kommt,

dann sind Sie unsicher wie diese Frau am Brunnen. »Ist dein Brunnen besser als der von Jakob? Du hast kein Seil, wie willst du schöpfen?« »Bist du größer als Moses?« Was soll Christus antworten?

Zuhörer: Christus hatte gesagt, dass Moses das Gesetz gebracht habe und er gekommen sei, um das Gesetz durch die Liebe zu erfüllen.

P. de Souza: Am Anfang war es notwendig, dass die Menschen Gesetze hatten; denn sie waren noch nicht so weit entwickelt. Wenigstens äußerlich mussten sie diesen Gesetzen gehorchen, auch wenn es noch nicht von Herzen kam. Innen konnten sie denken, was sie wollten. Christus sagte dann, auch in Gedanken dürfe man keine schlechten Dinge tun. Manchmal musste Christus schwierige Fragen beantworten. Aber er hatte genug Bewusstheit dazu.

Die Frager wollten sehen, ob er gegen Mose war. Nach dem Gesetz des Mose musste eine Ehebrecherin gesteinigt werden. Die Leute und die Gelehrten standen dabei. Jetzt war eine wunderbare Gelegenheit, Christus zu überführen. Er redete von Liebe und konnte deshalb nicht für Steinigung sein. Aber das ging gegen Mose.

Da sagte Christus: »Wer unter euch ohne Sünde ist, der werfe den ersten Stein!« Da verschwanden die Leute einer nach dem anderen. Christus schrieb dabei auf den Boden. Warum? Er wollte die Leute nicht weiter provozieren. – Lesen Sie das Neue Testament! Und lesen Sie es anders.

Liebe

Liebe ist zwar abstrakt, aber Liebe verstehen alle, sogar Tiere. In der Universität wurden Experimente mit verschiedenen Gruppen von Kaninchen gemacht. Sie bekamen alle eine fettreiche Diät, weil die Ärzte sehen wollten, ob das den Cholesterinspiegel beeinflussen würde oder nicht. In allen Fällen war der Cholesterinspiegel erhöht, außer bei einer Gruppe. Sie hatten die gleiche schlechte Ernährung bekommen. Was war die Ursache? Der Student, von dem sie das Futter bekamen, hat sie immer vorher auf den Arm genommen und gestreichelt. Das Immunsystem des Kaninchens reagierte auf die menschliche Liebe. Die Liebe kann das Immunsystem verstärken, auch Ihr eigenes Immunsystem. Wenn man mit Ihnen schreit und brüllt, werden Sie krank. Wenn man liebevoll zu Ihnen ist, bleiben Sie gesund. *Das heißt, seien Sie liebevoll! Seien Sie selbst liebevoll zu sich!* Habe ich etwas Neues gesagt?

Selbstreflexion

Ereignisse sind da. Was müssen Sie machen? Die Ereignisse können Sie nicht kontrollieren, aber Sie können Ihre Einstellung zu diesen Ereignissen kontrollieren. Ihre Gedanken können Sie kontrollieren. Das liegt in Ihrer Hand. Fast alles andere liegt nicht in Ihren Händen. Sie müssen Ihre Gedanken und deren Folgen in der Praxis beobachten. Dann können Sie sehen, welche Gedanken in ihrer Folge nicht gut für Sie sind. Sie ersetzen die negativen Gedanken durch positive Gedanken. Aber Sie können die Gedanken nur dann ersetzen, wenn Sie sie beobachtet haben. Und wenn Sie die Gedanken verändert haben, verändern sich auch die Gefühle, weil die Gefühle von den Gedanken abhängig sind. Wenn Sie Ihre Gefühle steuern wollen, müssen Sie Ihre Gedanken ändern.

Wenn Sie vorher deprimiert waren und jetzt die neuen Gedanken eingeführt haben, dann ist die Depression nicht sofort weg. Das dauert. Wenn Sie in der Wüste sind und jemand zeigt Ihnen den Weg aus der Wüste, dann wird es nicht sofort kühler. Die Depression kommt, weil Sie auf Ihre Gedanken nicht aufgepasst haben. Ihr Mann hat Sie verlassen. Schon sagen Sie: »Andere Frauen sind schöner als ich. Ich bin nicht begehrenswert. Ich habe mich falsch verhalten.« usw. usw. Die Folge ist eine Depression. Sie sind in der Wüste. Ändern Sie Ihre Gedanken: »Ich bin jung, ich bin schön, ich bin begehrenswert.« Dann gehen Sie in die richtige Richtung. Mit der Zeit wird es kühler werden.

Eine Postkarte von Gott

Wenn Sie Bewusstheit haben, dann sind Sie begeistert, alles ist wundervoll, jede Blume am Weg bringt Ihnen Freude. Ein Feuer der Freude ist in Ihnen entfacht. Alles, was Sie sehen, ist ein Lob der Schöpfung. Wenn Sie nicht bewusst sind, merken Sie das alles nicht. Dann sehen Sie die Welt eng, und Sie fühlen sich klein und häßlich. Der Welt muss dann entsagt werden.
Höheres Bewusstsein bedeutet Freude im Leben. Natürlich spüren Sie auch das Leid, wenn Sie Leid sehen, und Sie versuchen, etwas dagegen zu tun. Freude heißt nicht, dass Sie gegen das Leid der anderen verschlossen sind. Im Gegenteil! Sie können das Leid tiefer empfinden. Und Sie können auch etwas dagegen tun, aber erst, wenn Sie Ihr Bewusstsein erhöht haben. Sonst werden Sie den Fisch vor dem Ertrinken retten und ihn auf den Strand werfen.

Jeden Tag gibt es neue Wunder. Jedesmal, wenn Sie jemandem verziehen haben, wenn Sie zu jemandem liebevoll waren, dann haben Sie ein Wunder vollbracht. Wunder heißt, dass sie die Welt und das Verhalten der Menschen anders – liebevoll – interpretieren. Die Welt ist die gleiche, nur sehen Sie sie nicht mehr mit Ihrer jetzigen Interpretation, sondern mit Christusbewusstsein. Dann ist die Welt anders und zwar sehr schön! Jedes Blatt ist voll Freude. Jede Blume lacht und spricht zu Ihnen. Jede Blume ist eine Liebeserklärung von Gott an Sie. Aber Sie lesen Gottes Postkarten nicht. Sie gehen daran vorbei. Sie bemerken diese Schönheit nicht.
Bewusstheit, die Bejahung des Lebens, heißt, dass Sie froh sein werden. Und wenn Sie froh sind, bringen Sie Freude zu anderen Menschen. Das ist wie eine Kettenreaktion. Dann lacht die ganze Welt und ist froh. In der Philosophie der Verneinung des Lebens kriegen Sie Sympathie, wenn Sie weinen. Wenn Sie lachen, fragt man: Was ist los mit dir? Man glaubt, da sei etwas verkehrt. Aber was soll verkehrt daran sein, zu lachen? Wunder sind überall. Durch Bewusstheit und die Prinzipien der Bejahung des Lebens werden Sie ihrer immer häufiger gewahr werden.

Kapitel III

Das (N)Ego kampflos überwinden

Das Gefühl der Identität

Es war einmal ein Land, in dem es verboten war, zu lachen, zu tanzen und zu singen. Einmal kam ein Besucher. Als er sah, dass alle Leute traurig waren, fing er an zu singen. »Pssst!« machten die Bewohner, »nicht singen!« Da fing der Besucher an zu tanzen. »Verboten, verboten!«, riefen die Leute und hielten ihn fest. »Hier dürfen Sie weder singen noch tanzen«, sagten die Einheimischen. Als der Besucher den Grund wissen wollte, sagte man ihm: »Der König hat es verboten«. Darauf ging der Besucher zum König und fragte ihn, warum es verboten sei, zu singen und zu tanzen. Der König antwortete: »Ich habe es verboten, weil ich selbst nicht singen und tanzen kann. Meine Untertanen dürfen nicht tun, was ich nicht kann.« »Wenn das alles ist!«, meinte der Besucher. »Es ist ganz einfach, zu singen und zu tanzen. Ich zeige es Euch«. Er nahm ihn bei der Hand und tanzte und sang mit dem König. »Oh ja, es ist wirklich ganz leicht!«, freute sich der König. »Ab heute ist das Verbot aufgehoben! Jeder kann singen und tanzen.«

Aber Sie leben immer noch in diesem Land. Sie dürfen nicht glücklich sein. Und der König, der dieses Verbot gibt, ist Ihr Ego. Was ist das Ego? Das Wort kommt aus dem Lateinischen und bedeutet 'Ich'. Das Ich-Gefühl ist das Ego, das Gefühl der Identität. Man sagt, das Ego stehe zwischen Ihnen und Gott. Um glücklich zu werden, sei es also notwendig, das Ego abzubauen. Aber so einfach ist es nicht. So wird der Vorhang, der Sie von Gott trennt, nicht aufgezogen.
Was ist eigentlich damit gemeint, dass das Ego abgebaut werden solle? Dazu müssen Sie zuerst wissen, was das Ego genau ist. Im Sanskrit

gibt es zwei Wörter für Ego. Eins ist Ahamkara. Das ist das Ich-Gefühl, der Ich-macher. Es ist der Teil im Gehirn, der Ihnen Identität gibt: das Bewusstsein »Ich bin anders als du«. Wenn ich einen Apfel sehe, dann weiß ich, dass ich 'ich' bin und den Apfel sehe und dass ich nicht der Apfel bin und mich sehe. Ich unterscheide zwischen mir und dem Apfel.

Das andere Wort für das Ego ist Asmita. Das bedeutet 'Ich-bin-heit'. Es ist das Gefühl des Seins.

Was sollen wir also abbauen? Patanjali sagte, wir müssten die Gedankenvorgänge kontrollieren. Einige der Gedanken führen hin zu Gott, andere führen von Ihm weg. In moderner Sprache würden wir sagen: positive und negative Gedanken. *Es gibt positive, zu Gott führende Gedanken, und es gibt negative Gedanken, die uns von Gott wegführen.* Vedavyasa, der den ersten Kommentar zu den Yogasutras von Patanjali geschrieben hat, sagte, man müsse die negativen Gedanken durch positive Gedanken ersetzen.

'Nego' und 'Posego'

Negative und positive Gedanken sind Bestandteile unseres Ego. Jetzt ist es klar, was die Heiligen Schriften sagen: Das negative Ego, das Nego, soll durch das positive Ego, das Posego, ersetzt werden. Dann können Sie auch das positive Ego abbauen, wenn Sie wollen. Aber dafür haben Sie viel Zeit. Erst mal müssen Sie es aufbauen. Christus und Buddha haben uns klare Anweisungen dafür gegeben. Mit dem positiven Ego werden Sie glücklich werden, und das ist unser Ziel im Leben. Dann ist der Vorhang zwischen Ihnen und Gott, der nicht aus dem gesamten Ich-Gefühl besteht, sondern nur aus dem Teil von Ihnen, der aus Leid, Wut und Unglück besteht, verschwunden.

> Wir wollen Gott suchen. Gibt es ein Patentrezept dafür? Christus hatte es schon gesagt, aber wir haben es nicht als Patentrezept erkannt. Christus sagte: »Liebe deinen Nächsten wie dich selbst.«

Alle wollen glücklich werden. Wodurch gewinnen Sie Glückseligkeit? Wenn Sie die richtige Einstellung haben. Dann haben Sie innere Ruhe. Sie schlafen ohne Sorgen. Sie wachen fröhlich auf. Ein glücklicher Mensch hat auch eine gute Partnerbeziehung. Sie können viel Geld und praktischen Erfolg haben, aber für die meisten Menschen bedeutet eine glückliche Beziehung das größte Glück und die erstrebenswerteste Art des Erfolges. Natürlich muss man auch Geld haben, um glücklich zu werden. Z.B. möchten Sie sich eine Eigentumswohnung kaufen. *Schließlich sind Sie auf diese Welt gekommen, um Ihre Wünsche zu erfüllen, nicht um zu lernen, sie aufzugeben!* Aber wenn Sie die Freundin in das teuerste Restaurant einladen, nur um ihr zu imponieren, und dafür auch noch Schulden machen, dann wird Sie das nicht glücklich machen. Statt von Ihnen beeindruckt zu sein, geht die Freundin hin und heiratet einen anderen. Die Entwicklung einer positiven Einstellung geht Hand in Hand mit der Erhöhung Ihres Selbstwertgefühles. Wenn Sie mit sich selbst nicht zufrieden sind, können Sie nicht glücklich werden. *Ein glücklicher Mensch hat auch ein Ziel. Er ist nicht wie ein Blatt, das vom Wind hierhin und dahin geweht wird.* Er ist wie ein großes Schiff, das sich auch von Stürmen nicht aus der Bahn bringen läßt. Ihr Ziel ist wie ein Kompass, der Sie auf dem richtigen Weg hält. Alles, was ich gesagt habe, ist kein Widerspruch zu der Egolosigkeit, von der die Heiligen Bücher sprechen. Aber das werden Sie noch sehen.
Wann ist ein Mensch glücklich und fühlt sich gut in seiner Haut? Wenn er das Gefühl hat, sein Leben selbst zu kontrollieren. Je mehr Kontrolle er über sein Leben hat, um so glücklicher ist er. Kontrolle kann von zwei Seiten kommen: Sie können eine innere Kontrolle haben, die Ihnen das Gefühl gibt, dass alles in Ordnung geht und Sie Ihre Ziele erreichen – so dass Sie selbst die Verantwortung für Ihr Leben haben. Oder die Kontrolle kommt von außen. Sie sind ziellos und wissen nicht, was Sie tun sollten. Vielleicht kommt dann jemand und sagt es Ihnen, weil Sie selbst keine Vorstellung davon haben. Aber Sie sind unglücklich, weil Sie selbst keine Kontrolle über Ihr Leben haben.
Das Nego sagt, die Kontrolle müsse total ausgeschaltet werden, die persönliche und die von außen kommende. Sie dürften keine Pläne

machen und nicht an die Zukunft denken. Sie sollten sich auf Ihre spontanen Einfälle verlassen. Aber Spontaneität ist ein heißes Eisen! Sind Sie bei Gott, wenn Sie sich von jedem inneren Impuls hin und her werfen lassen? Und woher kommen Ihre Impulse? Sind Sie sicher, dass es alles erhabene Intuitionen des Heiligen Geistes sind?

Dialog

Zuhörer: In dem Moment, in dem der Mensch die Verantwortung für sich abgibt und hofft, dass ihm die Sorgen abgenommen werden, kontrolliert er sein Leben nicht mehr selbst.
P. de Souza: Und damit ist er sein positives Ego los. Aber Sie brauchen nur Ihr negatives Ego loszuwerden. Ein Hippie hat kein Ego, aber er hat auch sein positives Ego aufgegeben. Wenn wir zu Gott kommen wollen, dürfen wir nur unser negatives Ego abbauen. Das positive Ego sollte bleiben. Wir sollten es sogar entfalten, um ein höheres Bewusstsein zu bekommen.
Das Wort 'Ego' ist problematisch. Es hat so viele Bedeutungen, ähnlich wie das Wort 'Liebe'. Wir benutzen ein Wort für viele Bedeutungen. Sie glauben, das höchste Ziel im Leben sei, egolos zu werden. Stimmt, aber es ist das negative Ego, das Nego, gemeint. Gleichzeitig ist die zweite Seite der Lösung, voll Posego zu sein, also das positives Ego zu entfalten.

Was sein kann und was nicht

Was Sie glauben, hat oft wenig mit der Realität zu tun. Sie haben viele Glauben, aber nur einige basieren auf der Realität. *Sie haben Ihre Glaubenssätze von Ihrem Umfeld, von der Schule, von den Eltern, von der Kultur, und diese Glaubenssätze sind für Sie wahr, auch wenn sie keinen Bezug zur Realität haben. Für Sie ist es Realität, weil Sie daran glauben. Alle Ihre Glauben zusammen bilden Ihr Ego.* Ihr Ego ist eine Zusammenfassung all dessen, was Sie glauben. Es ist Ihre

Weltanschauung, es sind Ihre Interpretationen der Welt, die für Sie die 'Wahrheit' bilden. Das ist das Ego. Jetzt ist es klar, was unsere Aufgabe ist: Wir müssen die falschen Glauben von den richtigen trennen. Nur so können wir unser Leben glücklich machen, denn nur so können wir tatsächlich die Verantwortung für unsere Entscheidungen übernehmen. Aber was ist der falsche Glaube, wo doch jeder überzeugt ist, dass sein Glaube richtig ist? Jeder ist mit einer 'Keule' bewaffnet, um den eigenen Glauben durchzusetzen und den Glauben des anderen zu eliminieren. Jeder macht deshalb Krieg.

Das positive Ego macht uns glücklich, und das negative Ego macht uns unglücklich. Unser Ego ist wie ein Filter. Alle Glauben, die von außen kommen und mit unserer Weltanschauung integrierbar sind, werden hereingelassen. Was nicht mit unseren Glauben vereinbar ist, wird abgelehnt und muss draußen bleiben. Das Ego macht automatisch eine Zensur. Was sagt Ihr Ego, wenn ich spreche? »Ganz richtig!«, wenn meine Ausführungen mit Ihren Anschauungen übereinstimmen. Wenn nicht, sagt Ihr Ego: »So ein Blödsinn! Das stimmt überhaupt nicht!«

Ohne Wecker geht es nicht

Sie können natürlich etwas für das positive Ego tun. Es gibt so viele Techniken, die dabei helfen können, zu Gott zu kommen. Laotse hatte dagegen gesagt, dass es keine Techniken dafür gäbe. »Nichts tun«, hatte er gesagt. Aber damit hatte er von der spirituellen Ebene aus gesprochen. Von der höchsten Ebene aus gesehen ist Gott immer schon da, so dass man nichts mehr zu tun braucht. Keine Techniken sind nötig. So wie Sie keine Techniken brauchen, damit die Sonne aufgeht. Das geschieht von allein. Aber trotzdem brauchen Sie Techniken, damit Sie wach sind, wenn die Sonne aufgeht. Sie sind zwar schon ein Kind Gottes, aber Sie schlafen und sind sich dessen nicht bewusst. Aber jeden Tag haben Sie eine neue Chance aufzuwachen und die Sonne aufgehen zu sehen.

Dialog

P. de Souza: Es gibt ein Gesetz bezüglich unserer Erwartungen: Was wir erwarten, das bekommen wir auch. Wenn unsere Erwartungen positiv sind, dann ist das Ergebnis auch positiv. Wenn wir Negatives erwarten, dann bekommen wir Negatives.
Zuhörer: Zu hohe Erwartungen führen aber zu Enttäuschungen.
P. de Souza: *Nicht hohe Erwartungen, sondern negative Erwartungen führen zu Enttäuschungen.* Helen Keller war ein stummes und blindes Mädchen von Geburt an. War ihre Erwartung zu hoch, dass sie wie ein normaler Mensch leben könnte? Ist diese Erwartung enttäuscht worden? Nein. Natürlich müssen die Erwartungen mit der Realität vereinbar sein. Aber wissen Sie, was die Realität in diesem Fall ist? Diese Frau war stumm und konnte nicht hören und sehen. Aber dennoch hat sie es geschafft, in ihrem Rahmen ein normales Leben zu führen.
Zuhörer: Wenn sie erwartet hätte, wieder richtig hören und sehen zu können, wäre sie sicher enttäuscht worden.
Zuhörer: Nein, es wäre doch möglich gewesen, wenn sie fest daran geglaubt hätte. Gott hat jede Zelle unseres Körpers gebaut. Er kann auch jede Zelle unseres Körpers gesund machen.
P. de Souza: Das stimmt. In Amerika gab es einmal ein autistisches Kind. Es konnte weder sprechen noch etwas tun. Es reagierte nicht auf Reize von außen. Es schien keine Intelligenz zu haben. Heute ist dieser Mensch an der Universität und hat allerbeste Noten. Es gibt das Gesetz der Anziehung. Jeder Mensch ist wie ein 'Magnet'. Jeder zieht die Ereignisse an, die seiner Einstellung entsprechen.

Was bedeutet »Ehre deine Eltern«

Nehmen Sie z. B. die Eltern, die Sie bekommen. Viele klagen heute über ihre Eltern. Das ist eine Mode geworden. Sie sitzen in einer Gruppe und erzählen sich gegenseitig ihre Wehwehchen: Wie ungeschickt die Mutter war und dass der Vater keine Ahnung von

Kindererziehung hatte. Jetzt sind Sie traurig und fühlen sich schlecht, weil die Eltern so 'schlecht' waren. Wenn Sie nur bessere Eltern gehabt hätten, wäre Ihr Leben viel glücklicher verlaufen. So aber haben Sie nur Nachteile im Leben und sind frustriert. – Aber die Bibel sagt uns, dass wir die Eltern ehren sollen. Nicht, um einem altmodischen Gesetz zu genügen oder weil es den Eltern gefällt, sondern weil es zu Ihrem Vorteil ist, weil es Ihnen hilft, glücklich zu sein! Die Eltern haben Sie auf die Welt gebracht. Vielleicht haben sie Sie nicht ideal erzogen. Konzentrieren Sie sich aber nicht auf diese Negativitäten. Konzentrieren Sie sich auf das Positive.
Christus sagte, man müsse die Welt wie Kinder betrachten; denn Sie schaffen Ihre Welt nach Ihren Vorstellungen und Interpretationen. Die Bibel lehrt, dass es zu Ihrem Vorteil ist, wenn Sie Ihren Eltern verzeihen und sie verehren. Dadurch befreien Sie sich von einer Blockade. Früher gab es nicht diese Erziehungserfahrungen, und Ihre Eltern waren jünger, als Sie jetzt sind. Die Eltern haben ihr Allerbestes getan und haben es nicht besser gewußt. Vielleicht werfen Sie Ihrem Vater vor, dass er sich nur um das Geschäft gekümmert und keine Zeit für seine Kinder gehabt hat. Ist es schlimm, wenn er sich um das Geschäft kümmert? Es kommt auf Ihre Interpretation an. Wenn Sie glauben, dass es ein Nachteil für Sie war, dann ist es ein Nachteil. Denn Sie schaffen Ihre eigene Realität. Sie konzentrieren sich nur auf die Beschwerden, und Ihr Leben wird beschwerlich. Das ist eine falsche Einstellung. Natürlich gibt es tatsächlich Beschwerden, aber Sie können entscheiden, ob diese eine besondere Bedeutung für Sie haben oder ob die erfreulichen Aspekte für Sie wichtiger sein sollen.

Es gibt nur eine echte Ursache für das Leben. Diese Ursache ist Liebe. Konzentrieren Sie sich nicht Tag und Nacht auf Ihre Wehwehchen und sprechen dann in Seminaren darüber. Ihre Erlebnisse sind schon vorbei. Und Ihre Eltern sind nicht stehengeblieben. Sie sind auch gewachsen und haben heute andere Meinungen als früher. Denken Sie lieber an das Gute, das Ihre Eltern getan haben. Vielleicht müssen Sie sich anstrengen, das Gute zu entdecken, weil Sie bisher nur auf das Negative gesehen haben.

> Die Liebe, die Sie erfahren haben, ist echt und wahr. Sie hat eine tiefe und intensive Bedeutung. Alles andere ist nicht so wichtig.

Aber Sie nehmen die Schwierigkeiten wichtiger als die Liebe. Auf diese Weise ehren Sie Ihre Eltern nicht. Wie wollen Sie dann Ihre Kinder ehren? Es gibt eine Linie von Generation zu Generation. Das ist keine Einbahnstraße. Es geht nicht, die Kinder zu lieben und die Eltern nicht zu lieben. Sie müssen die Linie weiterführen: Ihre Liebe zu den Eltern geht über in die Liebe zu den Kindern. Die Kinder werden Sie dann auch lieben. Sonst wird das Kontinuum abgebrochen. Wenn die Liebe nicht mehr da ist, dann geht erst die Familie und später die Gesellschaft kaputt. Das passiert nicht nur, wenn die Eltern die Kinder nicht lieben, sondern auch, wenn die Kinder die Eltern nicht lieben.

> Wenn Sie glauben, dass die Wunde aus Ihrer Kindheit echt und wahr ist, dann ist sie echt und wahr. Das Nego sagt: »Du armseliger Mensch! Es ist nicht deine Schuld, dass du so traurig bist. Deine Eltern sind Schuld daran. Wenn du bessere Eltern gehabt hättest, wärest du glücklich geworden.« Um sich zu heilen, beschuldigen Sie Ihre Eltern. »Für alles sind sie verantwortlich«, sagt das Nego. Passen Sie auf Ihr Nego auf und hören Sie, was das Posego sagt: »So oft haben meine Eltern mir Liebe geschenkt. Davon fühle ich mich reich erfüllt und dankbar.« Die Eltern zu ehren, bedeutet, sich auf ihre positiven Taten zu konzentrieren.

Benutzen Sie nicht Ihre Eltern als Sündenbock für Ihre Probleme. Sie sind nicht dafür verantwortlich. Lassen Sie sich also nicht von den Leiden bestimmen, sondern schalten Sie Ihr positives Ego ein, denken Sie liebevolle und weise Gedanken und handeln Sie danach.

Rückkehr zum Posego

Bisher haben Sie durch den Verzicht auf die Erfüllung Ihrer Wünsche versucht, egolos zu werden. Dadurch entsteht aber ein Kampf gegen Ihre wahre Natur, die danach strebt, glücklich und erfüllt zu sein. Der Weg, ohne diesen Kampf das Ego zu überwinden, besteht darin, die Gedankenmuster umzuprogrammieren. Was Christus sagte, gilt noch immer: Sühne. Das Wort ist aber nicht richtig übersetzt worden. Es heißt eigentlich 'Rückkehr' – und zwar zum Posego. Wir leiden wegen des Nego. Deshalb müssen wir zurückkkehren und das Posego entfalten.

Kampflos das Nego überwinden

Die richtige Einstellung befreit Sie von Schuldgefühlen. Also bitte, verzeihen Sie den Eltern! Und verzeihen Sie auch sich selbst! Im nächsten Kapitel werde ich erklären, was verzeihen bedeutet und wie Sie es lernen können. Sie können Ihre negativen Gedanken ändern. Warum sage ich 'kampflos das Nego überwinden'? Ihre falschen Gedanken leben in Ihnen. Sie sind unglücklich. Haben Sie für Ihr Unglücklichsein gekampft? Sie sind deprimiert. Haben Sie für diese Einstellung gekämpft? Das haben Sie nicht getan! Genauso können Sie auch glücklich werden – kampflos! Erst mal müssen Sie wissen, wie Sie sich unglücklich gemacht haben – und zwar kampflos. Ohne Training haben Sie gelernt, ein langes Gesicht zu machen. Ohne Übungen haben Sie gelernt, wütend und eifersüchtig zu werden und Schuldgefühle zu haben. Wann haben Sie das geübt? Haben Sie dafür gekämpft? Das haben Sie unbewusst gemacht! Ich zeige Ihnen, wie Sie bewusst verhindern können, unglücklich zu werden, um automatisch glücklich zu werden – genauso kampflos. *Gott hilft uns, glücklich zu werden. Wie einen Computer können wir uns programmieren. Der Computer druckt aus, egal was eingegeben ist. Was wir in unserem Unterbewusstsein programmieren, das wird ausgedruckt werden.*

Es gibt zwei Phänomene, die gegen Ihr Glück gehen: Das erste ist Ihre Abneigung gegen Änderungen. Aber in dieser Welt ändert sich alles ständig. Das Nego sagt: »Bleib stehen und kämpfe dagegen. Diese Änderungen sind schlecht.« Sie machen Widerstand gegen alles, was neu ist, denn Sie empfinden es automatisch als verkehrt. Warum? Nur weil es gegen Ihre Gewohnheiten, Ihren Glauben geht. Sind Sie bereit, Änderungen anzunehmen und sich bei jeder Gelegenheit zu ändern? Natürlich gibt es auch ewige Gesetze, die sich nicht ändern, z.B., dass Sie Gottes Kind sind oder dass Gott Liebe ist. Auch das Gesetz von Ursache und Wirkung besteht immer. »Aber es gibt Änderungen zum Schlechteren«, wendet das Nego ein. »Ich kann mich doch nicht einfach so ändern!« Überlegen Sie aber einmal, wie genau Sie es mit der Unterscheidung nehmen. Wie offen sind Sie für positive Veränderungen? Oder wie oft verzichten Sie auch auf Änderungen, die Positives bringen könnten, nur weil es überhaupt negative Veränderungen gibt, und Sie deshalb prinzipiell Änderungen ablehnen?

Sie können Ihr Nego kampflos überwinden, wenn Sie seine Natur kennen. Einer der unverzichtbaren Aspekte dabei ist Ihre Bereitschaft, zu lernen. Das heißt, Sie dürfen nicht dogmatisch oder fanatisch werden. Dogmatismus ist das zweite Hindernis, und das Nego ist dogmatisch. Das können Sie ruhig ablegen und aufgeschlossen und offen sein, um nach kritischer Prüfung jederzeit Ihre Meinung zu ändern. Sonst kann sich Ihr Leben nicht ändern!

Sie können Ihre Gedanken reinigen. Die falschen Gedanken Ihres Nego können Sie umprogrammieren. So wie Sie Ihren Kopf mit negativen Gedanken gefüllt haben, können Sie ihn auch mit positiven Gedanken füllen. Aber diesmal machen Sie es bewusst. Vorher haben Sie nicht aufgepasst, was für Gedanken Sie in Ihren Kopf hineingelassen haben. Jeder Gedanke, der an Ihren Kopf geklopft hatte, durfte hereinkommen – jeder – ohne Prüfung, ob er gut oder schlecht war. Jetzt kontrollieren Sie den Eingang der Gedanken! Angstvollen Gedanken geben Sie keinen Eintritt mehr, nur liebevolle Gedanken dürfen hereinkommen. *Genauso, wie Sie früher die frustrierenden Gedanken eingeladen haben, laden Sie jetzt nur die glückseligmachenden Gedanken ein.*

Es sind immer gute und schlechte Gedanken da, und Sie entscheiden, welche Sie hereinlassen wollen. Beide stehen an der Tür.

Statt schlechte Gedanken einzuladen, laden Sie gute Gedanken ein. Sie können z.B. etwas Inspirierendes, Aufbauendes lesen, z.B. Joseph Murphy oder Norman Vincent Peale eine halbe Stunde jeden Tag. Oder lesen Sie Goethe oder Shakespeare oder Asterix. Genauso, wie Sie bisher schlechte Gedanken eingeladen haben, lassen Sie jetzt gute Gedanken herein. Sie kämpfen nicht, sondern lesen ein gutes Buch, jeden Tag eine halbe Stunde lang. Sie können Ihre Zeit in Gesellschaft der erhabensten Menschen verbringen. Laden Sie Mozart oder Bach zu sich nach Hause ein. Jeder ist willkommen, der Sie mit positiver Energie erfüllt. Machen Sie sich auch selbst positive Affirmationen. Bisher haben Sie Ihrem Unterbewusstsein gesagt: »Ich bin schlecht und hässlich und kann nichts.« Das hat das Nego geglaubt. Jetzt kommt das Posego und ersetzt diese schlechten Gedanken z.B. durch: »Ich bin Gottes Kind. Mit Gottes Hilfe kann ich alles schaffen.« Füttern Sie Ihren Kopf mit solchen Gedanken. Dann gehen die anderen Gedanken automatisch weg. Auch, wenn das Nego sich zunächst beschwert.

Sie werden, was Sie denken! Die Welt wird durch Gedanken gesteuert. Kennen Sie eine Maschine, die von Gedanken gesteuert wird? Der Mensch ist diese 'Maschine'. Schreiben Sie sich positive Affirmationen auf ein Blatt Papier und wiederholen Sie sie jeden Tag. Z. B. »Ich bin dankbar«, »Ich bin schön«. Viele sagen: »Ich kann das nicht glauben.« Da lassen Sie das Nego sprechen. Wenn Sie sagen: »Ich bin intelligent, ich kann das«, dann sagt das Nego: »Ach, du spinnst!« Wenn Sie sagen: »Ich bin glücklich und erfolgreich«, dann sagt das Nego: »Du bist nicht ehrlich!« Wenn Sie nicht daran glauben können, dann sagen Sie zu sich: »Du bist schön, du bist glücklich«. Denken Sie aber täglich an Ihre positiven Affirmationen und verstärken Sie sie. Überzeugen Sie sich durch Ihr Leben!

Dialog

Zuhörer: Welche Funktion hat dann das Nachdenken über das Negative und das Verstehenwollen, woher es kommt? Verstärkt das das Nego?

P. de Souza: Nein. Sie können dadurch erkennen, welche Gedanken Sie in den negativen Zustand geführt haben. Wichtig ist dabei, darauf zu achten, beim Nachdenken nicht selbst wieder in die negativen Gefühle hineinzugehen. Versuchen Sie, einfach zu beobachten. Dabei hilft es, wenn Sie sich auf Ihren Atem konzentrieren. Dann können Sie sich entscheiden, diese negativen Gedanken durch positive Gedanken zu ersetzen. Als Hilfsmittel können Sie sich eine Liste erstellen mit Augenblicken, die Ihnen in der Vergangenheit Freude bereitet haben. Wenn man traurig ist, kann man nicht an glückliche Momente denken. Deshalb benutzen Sie die Liste. Die Traurigkeit kommt zwar zurück, aber die Frequenz der Wellen wird länger. – Die Gedanken entscheiden Ihre Zukunft. *Deshalb ändern Sie Ihre negativen Gedanken, weil Sie Ihre Zukunft ändern wollen.*

Erwartungen

Was können Sie tun, um Ihr Posego zu entwickeln?

Sie schaffen Ihr eigenes Leben. Sie haben jeden Tag Ideen und führen Handlungen aus. Diese Handlungen und Ideen gestalten Ihre Zukunft.

Manchmal bringen sie Ihnen die Belohnung, dass Sie Freude am Leben haben können. Manchmal dagegen nicht. Aber Glückseligkeit und Erfolg ist keine Frage des Zufalls. Es gibt bestimmte Regeln. Und diesen Regeln kann jeder folgen. Das Geheimnis hat Christus uns genannt: Sühne – Die Rückkehr zu unserer ursprünglichen Natur. Und der Weg dahin ist, die richtige Einstellung zu gewinnen.

Es gibt Erwartungen von Eltern, von Vorsitzenden, von Lehrern oder von Chefs, und wir versuchen, diese Erwartungen zu erfüllen. Auf der anderen Seite haben wir selbst Erwartungen an unsere Kinder, an unsere Angestellten, an unsere Ehepartner und letztendlich haben wir auch Erwartungen an uns selbst. Alle diese Erwartungen entscheiden darüber, wie wir ein Ergebnis bewerten. *Wir bekommen von den anderen das, was unsere Einstellungen daraus machen.* Unsere Einstellungen jedoch können wir kontrollieren. Jeden Tag können wir unsere Einstellungen ändern. Unsere Einstellungen prägen z.B. das Klima in der Familie. Es kann liebevoll oder angespannt sein. Unsere Einstellung bestimmt darüber, wie sich unser Leben gestaltet. Wenn wir glücklich sind, dann reflektiert die Welt unsere Glückseligkeit. Die Qualität unseres Lebens bestimmen wir durch unsere Einstellung. Unsere Einstellung können wir selbst bestimmen. Unsere Gedanken können wir beherrschen. Niemand hat Kontrolle über unsere Gedanken außer wir selbst.

Ein Reisender kam einmal in eine Stadt. Er fragte einen Einwohner: »Was für Leute leben hier?« »Nehmen Sie doch erst einmal Platz«, sagte der Angesprochene, »und erzählen Sie mir, woher Sie kommen und wie die Leute bei Ihnen zu Hause sind.« »Ich komme aus X, und die Leute bei uns sind frech, unverschämt und betrügen viel.« »Genauso sind die Leute auch in dieser Stadt«, sagte der Einwohner. Dann kam ein anderer Reisender, der sich auch nach der Art der Leute in dieser Stadt erkundigte. Wieder lud der Befragte den Gast ein, sich zu setzen und zu erzählen, woher er komme und wie die Leute bei ihm zu Hause seien. »Oh, bei uns sind alle nett, freundlich und sehr zuvorkommend.« Da sagte der Einheimische: »Genauso sind die Leute auch in unserer Stadt.«

Die Welt ist ein Spiegel. Im Märchen heißt es: »Spieglein, Spieglein an der Wand, wer ist die Schönste im ganzen Land?« Das Spieglein sagt die Wahrheit, auch wenn sie nicht schmeckt. Und die Qualität des Lebens, das wir führen, spiegelt unsere Einstellung. Wenn Sie Ihre Einstellung ändern vom Nego zum Posego, dann geschieht ein Wunder, als seien Sie aus einer Höhle ins Licht gekommen.

Reaktionsmuster

Menschen reagieren auf Reize. Meistens haben die Menschen eine neutrale Einstellung. Nur wenn sie einen positiven Reiz kriegen, reagieren sie positiv. Wenn jemand negativ ist, dann reagieren die anderen meistens negativ auf ihn. Aber wir brauchen uns nicht von den Reizen steuern zu lassen. Unsere Einstellung beeinflusst uns. Wenn Sie die Einstellung haben: »Ich habe keine Lust zu studieren. Ich kann das nicht«, dann können Sie tatsächlich nichts lernen und schaffen es nicht. Wenn Sie etwas lernen wollen, müssen Sie es ausreichend üben und zwar mit Liebe. Ohne Liebe können Sie nicht lernen. Wenn Sie den Lernstoff lieben, können Sie ihn schneller behalten. Wie wollen Sie ihn aber lieben, wenn Sie die Einstellung haben, dass er uninteressant sei? Wachen Sie jeden Morgen mit einem Gedanken der Dankbarkeit auf. Gestatten Sie sich auch das Gefühl, dass Sie glücklich sind und erwarten Sie, dass alles gut gehen wird. Die Welt gibt Ihnen zurück, was Sie ihr durch Ihre Einstellung geben.

Wenn die Leute sich angegriffen fühlen und sich verteidigen, dann haben sie eine falsche Einstellung. Wenn Sie eine depressive Einstellung haben, dann haben Sie ein depressives Leben. Wenn Sie eine wunderbare Einstellung haben, dann ist Ihr Leben wunderbar. Sie sind ein Magnet, und Sie ziehen durch Ihre Einstellung gute oder schlechte Ereignisse an.

> Ihre Einstellung ist wie ein Pinsel, mit dem Sie das Bild Ihres Lebens malen. Sie können fröhliche oder frustrierende Bilder malen.

Die Menschen verstehen aber nicht, dass ihre Einstellung die Welt bestimmt. Die meisten Leute sagen: »Ich werde liebevoll sein, wenn die anderen liebevoll sind. Die anderen haben mich angegriffen und waren gemein, deshalb begegne ich ihnen genauso.« Die Welt gibt Ihnen, was Sie der Welt geben.

Einige Leute gehen von Glückseligkeit zu Glückseligkeit, von Erfolg zu Erfolg. Wenn sie herunterfallen, stehen sie auf und gehen unverdrossen weiter. Weil sie daran glauben, dass Erfolg, Glückseligkeit und Liebe die wesentlichen Qualitäten des Universums sind. Deshalb ziehen sie Erfolg, Glückseligkeit und Liebe an. Leute, die das anziehen, müssen nicht besonders talentiert oder begabt sein. Sie haben Glück, weil sie die richtige Einstellung haben *und die Gelegenheiten nutzen.*

Sie klagen oft, dass es Ihnen gerade an dieser guten Gelegenheit fehlen würde. Aber die Gelegenheit ist immer da. Es fehlt nur die richtige Einstellung. Sie können ein Fachmann sein und alles wunderbar erreichen und trotzdem nicht glücklich sein. Ein Roboter macht auch alles effizient, aber nur ein Mensch kann Liebe einbringen und etwas Wunderbares machen. Die richtige Einstellung ist das Geheimnis, das Nego kampflos zu überwinden.

Etwas ist allen negolosen Menschen gemeinsam: Sie erwarten das Beste. Sie erwarten mehr Gutes als Schlechtes, mehr Erfolg als Versagen. Sie sehen mehr Liebe und Gutes in anderen Menschen als Hass und Aggression. Und die Dinge, die sie wollen, die bekommen sie auch. Deshalb werden Sie positiv! Sie können alles haben. Gott will, dass Sie alles haben und glücklich sind. Ihre Umgebung reflektiert Ihre Einstellung. Die Menschen, die Sie treffen und die Sie anziehen, reflektieren Ihre Einstellung. Also haben Sie Mut, das Beste zu erwarten, und Sie bekommen alles, was Sie wollen. Gott hat keine Lieblinge. Er ist glücklich, wenn Sie glücklich sind. Aber wenn Sie wählen, unglücklich, traurig und deprimiert zu sein, kann Gott nichts daran machen.

> Unsere eigene Einstellung beeinflusst uns mehr als die Welt und die anderen Menschen.

So viele Leute haben keine Freude am Leben. So viele Leute sind elend. So viele Ehen gehen kaputt. So viele Beziehungen sind unglücklich – nur wegen einer falschen Einstellung. Aber alle Leute sagen, die Welt müsse sich erst mal ändern. Daran liegt es jedoch nicht. Ändern Sie sich selbst. Lachen Sie, wenn jemand sauer auf Sie ist. Lachen Sie, anstatt zu fluchen. Versuchen Sie, liebevoll zu sein.

Sagen Sie nicht: »Das sind böse Leute, vor denen ich mich schützen muss. Deshalb greife ich sie an.« Wenn Sie wütend sind und gegen diese Leute schimpfen, dann werden Sie krank. Wenn jemand Sie zum Ausflippen bringen kann, dann übergeben Sie Ihr Glück an diese Person. Sie hat dann den Schlüssel für Ihr Glück oder Unglück in der Hand. Dann haben Sie keine Kontrolle mehr über Ihr Leben, weil Sie sie an diese Person übergeben haben. Um glücklich zu werden, müssen Sie die Kontrolle über Ihr Leben selbst in die Hand nehmen und sich selbst glücklich machen. Sagen Sie »Ja« zum Leben!

Jeder Mensch ist eine sehr wichtige Person

Ein Geschäftsmann wurde gefragt, worauf er seinen Erfolg zurückführe. Er sagte, er sei schon immer glücklich gewesen, auch als er noch keinen Pfennig besessen habe. Und er habe genau gewusst, was er wollte.

Wenn Sie glücklich werden wollen, wenn Sie Ihr Posego entwickeln und das Nego abbauen wollen, wenn Sie erhaben sein möchten, wenn Sie eine positive Einstellung haben wollen, wenn Sie das Leben genießen wollen, wenn Sie liebevoll sein möchten, wenn Sie Harmonie haben möchten, wenn Sie Glück haben möchten – hier ist das Geheimnis: Behandeln Sie jede Person wie einen Gott bzw. eine Göttin. Beginnen Sie damit jetzt! Behandeln Sie Ihre Frau, Ihre Kinder, Ihren Mann, Ihren Nachbarn, Ihren Chef als eine sehr wichtige Person. Warum? Das ist Liebe. Jeder ist ein Kind Gottes. Deshalb sollten Sie jeden auch so behandeln. Machen Sie es sich zur Gewohnheit! Dann ziehen Sie das Glück an. So gewinnen Sie Glück ohne Kampf. Aber Sie machen eher den ganzen Tag Kopfstand und liegen auf einem 'Nagelbrett' (sind unglücklich), als »guten Morgen« zu Ihrem Nachbarn zu sagen. Das ist schwieriger.

Wenn Sie die Leute anerkennen, dann ziehen Sie Serendipität an. Serendip ist ein Ort in Sri Lanka. Die Prinzen von Serendip fanden immer Dinge, die sie gar nicht gesucht hatten. Auch Sie werden das finden, was Sie brauchen, auch wenn Sie es nicht gesucht haben. Das ist die Gabe der Serendipität. Dann ziehen Sie die richtigen Leute an.

Sie brauchen keine weitere Geheimtechnik, um zu Gott zu kommen. Üben Sie einfach immer nur, jeden Menschen wie eine sehr wichtige Person zu behandeln. Das ist das ganze Geheimnis. Wenn Sie die richtige Einstellung haben, werden Sie stark werden und nicht mehr vor Problemen fliehen. Sie werden sich dann in keinem Fall mehr von Negativität bestimmen lassen.

Selbstliebe

Liebe beginnt bei sich selbst. Sagen Sie: »Ich bin Gottes Kind. Ich bin wunderbar.« Wie können Sie andere lieben, wenn Sie sich selbst nicht lieben und sich womöglich selbst quälen? Behandeln Sie auch sich selbst wie eine sehr wichtige Person. Entwickeln Sie ein gesundes Posego. Wenn Sie glücklich sind, sind Sie posegoistisch. Dann tun Sie etwas. Viele meinen, wenn sie egolos sind, dürften sie nichts tun. Ist Mutter Theresa nicht auch egoistisch? Aber sie ist *nicht ne*goistisch, sie ist *pos*egoistisch.

Standhaftigkeit

Wenn es Schwierigkeiten gibt, lassen Sie sich nicht entmutigen. Menschen mit einer guten Einstellung gehen immer weiter. Sie erwarten etwas Positives, und das Positive wird verwirklicht werden. *Wenn Sie Ihre Einstellung geändert haben, heißt das nicht, dass Sie nicht auch noch fallen und Misserfolge haben können.* Aber je reiner Sie werden, um so seltener werden Sie fallen. Und *wenn etwas passiert, dann lassen Sie sich nicht davon überwältigen;* denn Sie erwarten das Beste. Manche Leute brechen zusammen, wenn Kleinigkeiten schiefgehen. Andere Menschen lassen sich auch von größten Katastrophen nicht herunterziehen.

In Indien habe ich einen todtraurigen jungen Mann getroffen. Ich wollte wissen, warum er diesen Weltschmerz habe. »Oh, die Welt ist so schlecht», klagte er. »Überall gibt es Krieg, Hunger und

Verderben«, und er zählte alle Krisengebiete der Welt auf. »Das ist die Endzeit«, klagte er. »Nein«, habe ich gesagt, »Endzeit gibt es nicht.« Bei jeder Jahrhundertwende haben die Leute von »Endzeit« geredet. Das ist nicht neu. Und sie gingen früher auf einen Berg und erwarteten den Untergang der Welt. Aber es ist nichts passiert. Gott regiert die Welt. Man braucht keine Angst zu haben. Sie glauben, es geht schief. Aber Sie lesen nur die negativen Nachrichten. Sie sollten jeden Tag etwas Positives lesen. Die Welt zeigt Ihre Einstellung. Wenn Sie Katastrophen erwarten, dann sehen Sie überall Katastrophen.

Wenn Sie wieder zu Hause sind, behandeln Sie Ihre Familie wie Götter, bis es eine Gewohnheit ist. Lassen Sie sich nicht in die Negativität hineinziehen. Es gibt Negativitäten in der ganzen Welt. Davon können Sie angesteckt werden.
Natürlich können Sie dem nicht ausweichen, wenn Familienmitglieder oder Arbeitskollegen negativ sind. Aber Ihre Gedanken kontrollieren Sie allein, nicht die anderen! Sie können immer Ihre Ruhe bewahren, auch wenn die anderen schimpfen und ausflippen. Verharren Sie nicht in Ihren negativen Gedanken. Loben Sie alle Leute.

Umprogrammieren

Versuchen Sie, sich wie eine liebevolle Person zu benehmen. Denken Sie immer daran: Sie sind Gottes Kind. Visualisieren Sie die liebevolle und glückliche Person, die Sie sein wollen. Sagen Sie sich, dass Sie liebevoll und voll Zuversicht sind. So können Sie sich umprogrammieren. Ihre Erwartungen müssen richtig sein. Bei Ihren Affirmationen sagen Sie immer »Ich bin...«, nicht »Ich werde sein...«. Benutzen Sie immer die Gegenwart: »Ich bin glücklich, ich bin liebevoll, ich bin schön, ich bin harmonisch, ich bin stark, ich bin anmutig, ich bin wichtig, ich bin erhaben, ich bin Gottes Kind. Alles geht gut. Gott schützt mich«.
Falls Sie Hemmungen haben, können Sie auch zu sich sagen: »*Du* bist glücklich. *Du* bist... usw.

Verwenden Sie auch keine Verneinungen, z.B. »Ich will nicht mehr krank sein« oder »Ich will nicht mehr arm sein.« Formulieren Sie positive Aussagen. Zu diesen positiven Gedanken fügen Sie noch positive Gefühle hinzu. Gehen Sie auf die Suche nach guten Gefühlen. Wie fühlen Sie sich, wenn Sie glücklich sind, wenn Sie sicher sind, wenn Sie geliebt sind usw.? Sammeln Sie mit den Gedanken auch Erfahrungen von diesen Gefühlen in sich!

Gedanken und Gefühle bilden gemeinsam Ihren Glauben und Ihr Ego ist eine Reflexion von Ihrem Glauben. Deshalb ändern Sie Ihren Glauben, und machen Sie sich positive Gedanken und Gefühle. Dann ist Ihr Ego positiv. Das positive Ego führt Sie zu Gott. Wenn die Heiligen Schriften davon reden, dass wir das Ego abbauen sollen, was meinen sie dann? Das negative Ego muss weg, weil Sie zu dem werden, was Sie denken. Ihre Gedanken bestimmen Ihre Lebensumstände. *Aber was Sie denken, bestimmen allein Sie selbst.*

Sie können Affirmationen sagen, um Ihr positives Ego zu unterstützen. Ein Satz könnte sein: »Ich bin glücklich«. Man kann Affirmationen auch schreiben. Schreiben Sie alles auf, was Sie gern sein wollen. Oder Sie schreiben einen Satz auf ein Kärtchen, entspannen sich dann (in den Alphazustand versetzen) und lesen das Kärtchen mehrere Male. Dann geht es in Ihr Unterbewusstsein. Wenn Sie eine schwierige Aufgabe vor sich haben, visualisieren Sie vorher, wie alles gut geht. Wenn Sie hingegen Ihre Befürchtungen visualisieren, laden Sie sie damit ein. Natürlich bleiben wir immer mit der Realität verbunden und haben nur realistische Erwartungen. Wenn ein Tiger vor mir steht, dann kann ich nicht sagen: »Hallo Tiger, in meinem Reiseführer steht, dass es keine Tiger hier gibt«. Darauf der Tiger: »Ich habe dein Buch aber nicht gelesen!«

Wie kann ich Ziele setzen?

Viele fragen sich, was sie tun sollten. Wie können wir Ziele setzen? Überlegen Sie. Es gibt viele Werte. Werte sind Dinge, für die Sie bereit sind, sich einzusetzen. Stellen Sie sich deshalb folgende drei Fragen:

1. Welche fünf Werte sind für mich am wichtigsten? Jeder hat sein eigenes Wertesystem.
2. Wenn der Geist aus Aladins Wunderlampe Ihnen fünf Wünsche freistellen würde, was würden Sie sich wünschen?
3. Fragen Sie sich rückblickend, was Ihnen in der Vergangenheit am meisten Freude gemacht hat, wonach Sie sich gut gefühlt und Ihr Selbstwertgefühl erhöht haben.

Wenn Sie sich solche Fragen beantworten, wird Ihnen klarer, in welche Richtung Ihre Wünsche gehen.

Dialog

P. de Souza: Was müssen Sie tun, wenn Sie ein Ziel haben? Überlegen Sie sich eine gute Vorgehensweise.
Zuhörer: Aber in der Esoterik gibt es doch auch den Spruch: »Der Weg ist das Ziel«
P. de Souza: Der Weg ist das Ziel, ja. Sie sind schon Gottes Kind, aber Sie können immer etwas tun. Die Freude kommt dann sofort, und nicht erst in der Zukunft. 'Der Weg ist das Ziel' heißt, Sie erreichen das Ziel nie, weil Gott unendlich ist. Sie können immer mehr und mehr Freude haben und immer neue Entdeckungen machen. Sie haben ein Instrument des Orchesters gelernt. Nun lernen Sie das nächste. Es gibt unendlich viel zu lernen und zu erfahren. Gott hat so viele Seiten, Gott ist unbegrenzt.
Wenn Sie sich liebevoll verhalten, ist das der Weg. Es ist aber auch das Ziel. Das Ziel ist Liebe, und Gott ist Liebe. Sie werden nicht erst in Zukunft liebevoll sein, sondern ab heute. Das ist der Weg. Sie sagen vielleicht: »Das ist Verstellung, weil es nicht echt ist.« Das sagt das Nego. Aber trainieren Sie sich und versuchen Sie, liebevoll zu sein. Dann ändern sich Ihre Schwingungen und Ihre

Gedanken. Tun Sie das! Es ist keine Heuchelei. Sonst wachsen Sie nicht in der Liebe, sondern im Gegenteil im Hass. Hass erzeugt mehr Hass und Wut erzeugt mehr Wut. Durch Hass können Sie nicht zur Liebe kommen – unmöglich! Das ist das Gesetz. Liebe erzeugt Liebe, und Hass kann nur durch Liebe überwunden werden. Der Weg ist das Ziel, weil Sie dahin kommen werden, wohin der Weg Sie führt.

Ziele erreichen

Glauben Sie an Ihr Ziel. Wenn Sie nicht daran glauben, dann können Sie es auch nicht erreichen. Sie bekommen nicht, was Sie sich wünschen, Sie erhalten, was Sie glauben. Wissen Sie, was es bedeutet, zu glauben? Glauben ist nicht dasselbe wie denken. Der Glaube ist zusätzlich mit tiefen Gefühlen verbunden. Das Denken wird in einen Glauben umgewandelt, wenn es ständig beibehalten und dadurch mit Erfahrungen und Gefühlen bereichert wird. Wenn Sie nur einmal einen Gedanken haben, wird er nicht gleich Bestandteil Ihres Glaubens. Das braucht seine Zeit.

Des Weiteren muss das Ziel herausfordernd sein. Einen Freund anzurufen, einen Kuchen zu backen oder einen Brief zu schreiben, sind in diesem Sinne keine Herausforderungen. Das Ziel muss an die Grenzen Ihrer Fähigkeiten gehen. Aber am Anfang, wenn Sie viel gelitten haben, wenn Sie deprimiert waren und Ihr Selbstwertgefühl niedrig war, dann bauen Sie sich langsam durch kleine Ziele auf, durch machbare, kurzfristige Ziele (Rezept ausprobieren, Haus aufräumen, jemanden besuchen). Mit der Zeit wählen Sie sich dann immer anspruchsvollere Ziele. Denken Sie auch daran, dass es Phasen gibt. Es mag Tage geben, an denen Sie Bäume ausreißen können und andere, an denen Sie nicht so stark sind. Passen Sie sich diesen Tagen an, aber bleiben Sie immer aktiv, dann steigert sich Ihre Lebensfreude Schritt für Schritt. Aktiv zu sein bedeutet nicht, dass Sie immer Höchstleistungen in Ihren Handlungen bringen müssten. Aktiv zu sein bedeutet, dass Sie nichts tun, ohne sich dafür zu entscheiden.

Entscheiden Sie sich, eine Pause zu machen oder entscheiden Sie sich, viel zu tun. Entscheiden Sie sich, es heute etwas ruhiger angehen zu lassen oder gerade heute alles zu geben. Nehmen Sie Ihr Leben selbst in die Hand. Tun Sie nur, wozu Sie sich selbst entscheiden!

Am Anfang schreiben Sie Ihre Ziele auf, und zwar ausführlich. Malen Sie sich die Vorteile aus, die Sie haben werden, wenn Sie das Ziel erreicht haben. Je mehr Vorteile Sie nennen können, um so mehr Mut und Motivation haben Sie für Ihre Anstrengung. Dann betrachten Sie Ihren jetzigen Zustand. So können Sie Ihren Fortschritt wahrnehmen. Setzen Sie sich eine Frist, bis wann Sie das Ziel erreicht haben wollen. Kalkulieren Sie auch die Hindernisse mit ein und schreiben Sie sie auf. *Wenn es keine Hindernisse gibt, kann man dann von Zielen reden?* Dann ist es kein herausforderndes Ziel. Wenn es keine Hindernisse gibt, dann tun Sie auch nichts. Dann träumen Sie nur und haben Wünsche, aber keine Ziele. Buddha hatte gesagt: »Keine Wünsche haben, sondern sich richtig anstrengen!« Aber was sind Wünsche? Man sagt, Wunschlosigkeit führe zu Glückseligkeit. In Wirklichkeit aber ist man leer und orientierungslos, das heißt posegolos.

> Wenn Buddha von Wunschlosigkeit sprach, meinte er Ziele, die man ohne Hindernisse und Anstrengungen erreichen kann, denn Ziele, die uns nicht fordern, sind nur Träume.

Um Ihr Ziel zu erreichen, brauchen Sie Fachkenntnisse. Schreiben Sie auf, welche Vorkenntnisse notwendig sind. Überlegen Sie sich dann, welche Mitarbeiter Sie brauchen, um Ihr Ziel zu erreichen. – Denken Sie auch an das Gesetz des Dienens. Wenn Ihr Ziel ist, den anderen einen Dienst zu erweisen, dann ist es ein gutes Ziel. Es ist nicht das Ziel, Geld zu verdienen, sondern anderen Menschen zu dienen. Wenn man nicht an Geld, sondern an Dienst denkt, dann kommt das Geld automatisch. Seien Sie aber nicht zu streng mit sich. Wenn Sie an Geld denken, ist das auch vollkommen in Ordnung – solange Sie anderen nicht durch Ihre Handlungen schaden! Machen Sie sich

einen Plan, in dem die Vorkenntnisse, die Mitarbeiter und die Hindernisse berücksichtigt werden. Schreiben Sie alles auf! Stellen Sie sich vor, dass Sie Ihr Ziel schon erreicht haben. Und seien Sie beharrlich! Geben Sie nicht so schnell auf!
Ein Mann wollte einen Brunnen bauen. Er grub ein bisschen, aber es kam kein Wasser. Da versuchte er es an einer anderen Stelle. Auch hier kam nicht gleich Wasser zum Vorschein. So fing er wieder an einer anderen Stelle an. Ein Freund riet ihm: »Wenn du Wasser haben willst, musst du an einer Stelle bleiben.« – Das ist die richtige Anstrengung. Wenn man überall nur an der Oberfläche bleibt, erreicht man nichts Wesentliches.
Ich möchte noch einmal zusammenfassen: Wir wissen jetzt, was das Geheimnis für Glückseligkeit ist. Es hängt von Ihrer Einstellung ab. Behandeln Sie alle Menschen wie sehr wichtige Personen. Geben Sie Ihr Bestes, um liebevoll zu sein. Die Welt spiegelt Ihnen Ihre Liebe oder Ihren Hass zurück. Lachen Sie viel! Das verträgt das Nego nicht. Das ist der kampfloseste Weg, das Nego abzubauen.

Der Heilige Geist hilft Ihnen

Wir wollen darüber reden, wie man die alltäglichen Probleme losen kann. Welches ist die richtige Einstellung, um Probleme zu lösen, und wie können wir das Superbewusstsein anzapfen? – Das Superbewusstsein, die kosmische Intelligenz, der Heilige Geist, durchdringt diese Welt. Das ganze Universum ist von der göttlichen Intelligenz durchdrungen. Sie durchdringt die Felsen, die Pflanzen, die Tiere und die Menschen. Von den Felsen kann sie nicht aufgefangen werden. Aber von Pflanzen, Tieren und Menschen kann sie in steigendem Maße empfangen werden. Der Mensch kann sie vollkommen in sich empfangen. Unsere Möglichkeiten sind unbegrenzt.

> Wir können das Superbewusstsein anzapfen. Dazu müssen wir aber erst einmal alles wissen, was wir auf dem normalen Bewusstseinsniveau machen und lernen können.

Kekule, der deutsche Chemiker, suchte die Formel für Benzol. Er hatte viel darüber gearbeitet und nachgedacht, aber er konnte sie nicht finden. Eines Tages hatte er einen Traum. Nachdem er ihn richtig interpretiert hatte, fand er seine lange gesuchte Formel. Wenn Sie denselben Traum gehabt hätten, wäre er für Sie bedeutungslos gewesen.

Den Hauch des Heiligen Geistes empfangen

Unser Gehirn kann die göttliche Intelligenz auffangen. Wir benutzen diese Fähigkeit leider oft nicht.

In einem Dorf in Indien war ein Flugzeug gefunden worden. Die Eingeborenen hatten aber nicht verstanden, was das für ein Ding war und hatten es als Ochsenwagen benutzt. Später untersuchte einer den Motor und entdeckte, dass das Ding selber fahren konnte. Dann hatten sie das Flugzeug als Auto benutzt. Das ging so lange, bis einer entdeckte, dass das Ding fliegen konnte. Erst von nun an hatten sie es richtig benutzt.

Es hängt von Ihnen ab, wie Sie die Möglichkeiten Ihrer Intelligenz benutzen. Sie können z.B. lachen. Dann ist Ihr Bewusstsein erhöht. Wenn Sie sich mit freundlichen Leuten unterhalten, dann kommen ganz viele Ideen. Oder wenn Sie Bach, Beethoven oder Mozart hören, dann können Sie auch das Superbewusstsein anzapfen. Auch wenn Sie im Wald spazierengehen oder vor dem weiten Ozean sitzen und seinem Wellengang lauschen, d.h. ganz allgemein, wenn Sie Kontakt mit der Natur oder mit Harmonie oder mit Leichtigkeit haben, können Sie das Superbewusstsein anzapfen. Durch Meditation geht es auch. Sie zählen z.B. den Atem. Oder Sie sind für ca. zehn bis fünfzehn Minuten täglich mit sich selbst allein, versenken sich nach innen und öffnen sich für das Superbewusstsein. Zu Anfang ist es schwierig, still zu sitzen und nichts zu tun. Die Gedanken laufen und wollen Sie in alle möglichen Aktivitäten hineinziehen. Versuchen Sie aber, nur den Atem zu beobachten. Probieren Sie es aus. Nach einiger Zeit kommen dann Ideen vom Superbewusstsein. Auch wenn Sie mit konzentriertem Interesse ganz in einer Beschäftigung versinken, haben Sie in dieser Zeit kein Nego-Gefühl. Wenn Sie lieben, was Sie

tun, dann gibt es keinen Stress und Sie können Kontakt zum Heiligen Geist haben.
Es widerstrebt dem Mind, still zu stehen. Er möchte sich ständig bewegen. Aber wenn Sie sagen: »Ich will mich konzentrieren«, gelingt das nicht! Denn der Wille ist nicht stark genug. Stärker sind die Vorstellungen. Wenn Sie z.B. sagen: »Ich will nicht mehr rauchen«. Dann machen Sie sich noch aus den alten Gewohnheiten sofort die Vorstellung, wie angenehm jetzt eine Zigarette wäre. Und schon gewinnt Ihre Vorstellung und Sie rauchen wieder. Sagen Sie lieber: »Ich bin Nichtraucher«, und stellen Sie sich vor, dass Sie einen kurzen stinkenden Gummischlauch im Mund hätten und dessen Qualm einatmen würden. Pfui!
Es gibt die Regel, dass das Unterbewusstsein keine negativen Begriffe aufnimmt. Sie werden aus den Affirmationen getilgt. Wenn Sie also sagen: »Ich will kein Raucher sein«, hört das Unterbewusstsein: »Ich will Raucher sein.« Verwenden Sie deshalb positive Affirmationen und Vorstellungen. Überlegen Sie sich, was Sie wollen, nicht, was Sie nicht wollen.

Die Brille der Einstellung

Sowohl ein Mensch mit positiver wie auch mit negativer Einstellung hat Probleme. Der Unterschied ist, wie sie den Problemen begegnen. Mit positiver Einstellung denkt ein Mensch anders als mit negativer Einstellung. Er betrachtet ein Problem nicht als Problem. 'Problem' ist ein negatives Wort, das mit Spannungen, Unruhe und Angst verbunden ist. Für einen positiven Menschen ist es kein Problem, sondern eine Situation, eine Gelegenheit – ein Abenteuer. Und er fragt sich, wie er mit der Situation umgehen will. Das macht schon einen Unterschied. Der göttliche Mensch denkt an die Lösungen und redet über sie. Ein negativer Mensch denkt und redet nur über Probleme: »Das konnte wieder mal nur mir passieren. So etwas passiert mir immer.« Ein positiver Mensch glaubt daran, dass das Ergebnis gut sein wird.
Hans K. suchte eine Arbeit und sollte sich bei mehreren Firmen vorstellen. Bei den ersten drei Stellen wurde er abgelehnt. Was

passiert mit seinem Selbstwertgefühl? Nach jeder Ablehnung wird es niedergeschlagener. Am Freitag rief er seine Frau an und erzählte, dass bis jetzt alles schiefgegangen sei. Er habe jetzt zwar noch ein paar Termine, aber es scheine aussichtslos zu sein. »Macht nichts«, sagte die Frau, »wir haben im Lotto 500.000 DM gewonnen«.
Was passiert mit dem Selbstwertgefühl des Mannes? Er bekommt wieder mehr Energie, mehr Kraft, mehr Begeisterung. Weil er die weiteren Vorstellungstermine schon hatte, wollte er sie auch wahrnehmen. Jetzt wird er mehr Chancen haben, weil er etwas Gutes erwartet. Tatsächlich bekam er eine Stellung. Er kam nach Hause, und die Frau sagt ihm: »Das mit dem Lottogewinn stimmt nicht.« »Wirklich?«, fragte er, »das macht mir aber jetzt nichts mehr aus.«
War seine Begeisterung echt oder nicht? Obwohl sie auf falschen Tatsachen beruhte, war sie echt. So macht ein glücklicher Mensch seinen eigenen 'Lottogewinn'. Er denkt an das Ergebnis, an einen glücklichen Ausgang seiner Unternehmungen. Er erwartet das Beste. Die Chancen, ein Problem zu lösen, sind größer, wenn Sie eine positive Einstellung haben und daran glauben, dass es für jedes Problem eine Lösung gibt.

Schritt für Schritt

Ein glücklicher Mensch hat positive Einstellungen und löst so alle Situationen: Er beschreibt sie in allen Einzelheiten. Er sucht nach den Ursachen und schreibt alle möglichen Lösungen auf. Dann entscheidet er sich für eine und setzt sie zügig in die Tat um. Ein deprimierter Mensch hat keine Kraft, sich zu entscheiden. Er verschiebt die Entscheidung immer auf den nächsten Tag. Der glückliche Mensch macht Entscheidungen so schnell wie möglich. Manchmal ist das nicht möglich, weil er vorher noch mehr Informationen haben muss oder weil er die Entscheidung nicht allein treffen kann. Dann macht er einen Termin, bis wann er die Entscheidung treffen will. Es ist aber nicht genug, die Lösung zu haben. Nun müssen die Leute beauftragt werden, die für die Aufgabe zuständig sind. Die Umsetzung muss organisiert werden. Zuletzt

muss ein Termin gesetzt werden, bis wann eine Aufgabe abgeschlossen sein soll.
Haben Sie Geduld mit sich, denn Sie schaffen sich neue Gewohnheiten. Zunächst ist das alte Nego weiterhin immer noch da. Auch wenn es Ihnen Leid gebracht hat, sind Sie daran gewöhnt, und es ist Ihnen bequem. An Glückseligkeit sind Sie nicht gewöhnt. In Gegenwart von glücklichen Leuten fühlen Sie sich unwohl, weil deren Haltung nicht üblich ist.

Dialog

P. de Souza: Was wollen Sie in dieser Welt haben? Was wünschen Sie sich? Was würde Sie glücklich machen?
Zuhörer: Harmonie, Gesundheit, Freude, gutes Benehmen, eine gute Ehe, Zufriedenheit, ein großes Haus, Geduld, Liebe, Reichtum.
P. de Souza: Warum brauchen Sie diese Sachen? Um glücklich zu sein! Viele Leute sagen, sie werden erst dann glücklich sein, wenn sie diese Sachen bekommen. Sie müssen ihre Wünsche erst erreicht haben. Dann erst werden sie glücklich sein. Aber Sie können schon jetzt glücklich sein – nicht erst in der Zukunft. Und das ist möglich: Jetzt! Sofort!
Das Geheimnis ist, liebevoll zu sein – jetzt! Liebe ist so stark. Alles andere ist klein gegenüber der Liebe. Aber für viele ist Liebe bedeutungslos. Sie halten es nicht für echt, wenn jemand liebevoll ist. Sie glauben, Ihre Wut und Traurigkeit seien echt. Aber Sie können in dem ewigen Jetzt glücklich und liebevoll sein.

Glücklich

Nichts und niemand kann Sie unglücklich machen. Sie brauchen Ihr Glück nicht vom Erreichen eines Zieles abhängig zu machen. Sie können immer positiv sein, und dann können Sie auch ein Ziel anstreben. Viellecht erreichen Sie es, vielleicht auch nicht. Auch positive Menschen erreichen nicht immer alle Ziele. Aber weil sie immer positiv sind, sind sie frei, immer neue Ziele zu verfolgen. An erster Stelle steht: glücklich sein! Entscheiden Sie sich, glücklich zu sein! So überwinden Sie das Nego kampflos und lassen sich nicht entmutigen, auch wenn Sie einmal Leid erleben.

Wie kann ich glücklich werden?

Wie kann man glücklich werden? Sie entscheiden das! Sie sagen: »Dieser Mensch, dieses Ereignis wird mich nicht beeinträchtigen können. Ich bin dennoch glücklich. Meine köstliche Ruhe werde ich nicht stören lassen.« Sie entscheiden das. Und zwar nicht nur bei Kleinigkeiten, sondern auch bei großen Katastrophen ist das möglich. Sie bleiben stark, wenn Sie sich dafür entschieden haben, glücklich zu sein. Es hängt von Ihrer Interpretation ab, ob Sie zusammenbrechen oder nicht. Sie entscheiden, ob diese Ereignisse Sie glücklich oder unglücklich machen dürfen. Leute mit den größten Krankheiten haben ihre Krankheiten überwunden, weil sie daran geglaubt haben, dass sie trotz größter Krankheit glücklich sein können. Andere Leute brechen schon bei Erkältungen zusammen. Man kann unabhängig von den äußeren Umständen glücklich werden. Wenn Ihre Einstellung positiv ist, haben Sie es nicht nötig, eine negative Einstellung von anderen zu übernehmen. Sie behalten Ihre Einstellung. Wenn Sie jetzt glücklich sind, können Sie Pläne machen und Ihre Ziele verfolgen. Dann haben Sie keine Wünsche, weil Sie glücklich sind – aber Ziele haben Sie!

Die Keule in der Hinterhand

Wünschen heißt, Ziele ohne Anstrengung erreichen zu wollen. Sie wünschen sich einfach: »Ich möchte Gott suchen«, und Sie gehen nach Hause und sind böse auf Ihre Familienangehörigen, weil sie ihre eigene Meinung vertreten. Sie klatschen über Ihren Nachbarn, aber

Sie suchen Gott. Sie werfen mit Steinen nach einem Hund, um ihn zu verscheuchen, aber Sie suchen Gott.
In der Hand halten Sie immer eine Keule bereit, und dann reden Sie über die Bibel, über die Bhagavadgita und alle Heiligen Schriften.

Wenn jemand Ihnen auf Ihr Lieblingshühnerauge tritt – dann kommt die Keule! Aber Sie suchen Gott. Jemand tut nicht, was Sie wollen – wieder kommt die Keule! Aber Sie suchen Gott. Das Nego ist sehr schlau. Sie sind nach wie vor aggressiv, aber Sie behaupten, dass Sie nach Gott suchen. Das ist eine Maske, und Sie merken nicht, was Sie machen. Christus ist dafür gekreuzigt worden, weil er sagte, um zu Gott zu kommen, sollten wir die Keulen weglegen. »Es gibt keine Techniken«, sagte er, »nur liebevoll sein.» Aber das ist schwierig. Das Nego will das Elend nicht loswerden, denn es ist seine Identität. Und Sie behalten das Nego. Es ist Ihr Land, und Sie wollen es nicht hergeben.
Viele haben Probleme, aber sie wollen keinen Rat: »Ach, das ist nicht so wichtig. Eine Kleinigkeit nur«, sagen sie. Sie wollen keine Änderung haben. Die Keule wollen sie behalten – wenigstens um sich selbst ab und zu damit zu schlagen. Christus sagte: »Liebe deinen Nächsten wie dich selbst«. Das ist das höchste esoterische Gesetz. Das fuhrt zu Gott. Christus nannte es Vollkommenheit.

Das Nego – unsere falsche Identität

Es ist das Nego, das dogmatisch und fanatisch ist. Wenn jemand den Glauben des Nego angreift, dann macht es Krieg. Warum macht es Krieg? Weil es sich bedroht fühlt. Warum fühlt es sich bedroht? Weil es sich mit seinem Glauben, seinen Interpretationen, identifiziert. Das Nego ist Ihre falsche Identität. Es ist aus Angst und aus falschen Glaubenssätzen zusammengesetzt. Der Mind unterscheidet nicht zwischen einem Angriff gegen sein Nego und einem Angriff gegen sein Leben. Einen Angriff gegen seinen Glauben nimmt man deshalb wie einen Angriff gegen sein Leben.

Dialog

Zuhörer: In dem Moment, in dem ich mich aber nicht mit dem Glauben meines Nego identifiziere, fühle ich mich auch nicht angegriffen.

P. de Souza: Ja, das ist unser Ziel. Wir wollen uns nicht mehr mit dem Nego identifizieren. Z.B. fühlt sich das Nego bedroht, wenn Sie nach vorne kommen sollen, um ein paar Worte zu sagen. Das Nego sagt dann: »Tu das lieber nicht. Du blamierst dich und wirst ausgelacht. Bleib lieber sitzen«. Wenn Sie dem Nego nicht mehr gehorchen wollen, dann sagen Sie sich einfach: »Es wird alles gutgehen. Die Leute werden mich nachher noch genauso mögen wie vorher.« Wer will das ausprobieren? (Drei Zuhörer haben den Mut, vorn etwas zu sagen. Es ist ihnen tatsächlich nichts passiert!) Die Wissenschaftler haben ein neues Wort für dieses Phänomen: Psychoneuroimmunologie. Früher sagte man »psychosomatisch« (der Mind hat Einfluss auf den Körper). Heute hat dasselbe einen furchterregenden Name: Psychoneuroimmunologie. D.h., wenn Sie glücklich sind, wenn Sie lachen, dann stellt Ihr Immunsystem Antikörper her, und Sie werden widerstandsfähiger gegen Krankheiten. Es ist also sehr wichtig zu lachen. Wir haben wissenschaftliche Gründe dafür.

Zuhörer: Es gibt ja viele Arten von Lachen: Ironisch, schadenfoh, sarkastisch. Gilt das dann auch?

P. de Souza: Nein! Das ist zerstörerisch. Lachen heißt aus Freude lachen oder wenigstens für Freude lachen. Und vergessen Sie dabei nicht, die Menschen als Götter zu betrachten. Christus sagte: »Wenn ihr nicht wie die Kinder werdet, könnt ihr nicht ins Himmelreich kommen«. Was heißt es, wie ein Kind zu sein? Kinder sind glücklich. Sie sind voll Vertrauen, weil sie Betrug nicht kennen, und sie sind sehr liebevoll. Sie sind unschuldig. Aber ein Erwachsener kann auch so unschuldig sein, obwohl er die Welt kennengelernt hat und auch um ihre schlechte Seite weiß. Wenn er trotzdem liebevoll ist, dann ist das sogar noch schöner als bei einem Kind. Kinder sind hemmungslos offen. Aber wenn sie erwachsen sind, überlegen sie alles, was sie sagen.

Sie wollen nicht dumm erscheinen. Man kann nicht glücklich sein, wenn man versucht, die anderen zu übervorteilen. Eines der Geheimnisse, wie ein Kind zu sein, ist Aufrichtigkeit.

Zuhörer: Manchmal hat man ja schlechte Laune und ist aggressiv. Wie ist es, wenn man dann aufrichtig ist und zu seinen negativen Gefühlen steht?

P. de Souza: Dann gehorchen Sie Ihren Nego-Gedanken, anstatt sie zu ersetzen und liebevoll zu sein. Das Nego sagt: »Du Ärmste, du hast keine Liebe. Wo sollst du sie herzaubern?« Sie haben sich diese negativen Gedanken erlaubt. Sie können sich jederzeit aber auch anders entscheiden und diese Gedanken durch andere, positive Gedanken ersetzen. Das entscheiden Sie. Sie haben gelernt und sich daran gewöhnt, die lieblosen und frustrierten Gedanken hereinzulassen und ihnen die Oberhand zu geben. Sie haben nie versucht, die Gedanken-Feen hereinzulassen. Wenn Sie voll Glückseligkeit sind, ist alles, was Sie sagen, liebevoll. Wenn Sie aber mit Aufrichtigkeit sagen: »Du hast eine hässliche Nase!«, dann stammt Ihre Aufrichtigkeit nicht von Ihrer Liebe und von Ihrer echten Seele, sondern von Ihrem Nego. Ihr Nego sagt dann: »Ich bin erhabener als du. Du bist ein Idiot. Das meine ich aber wirklich ganz aufrichtig.« Das Nego applaudiert Ihnen, weil Sie so 'echt' sind. Das Nego hat mit seiner Keule zugeschlagen und ist stolz, weil es 'echt' war. »Bravo!«, sagt das Nego.

Echtheit bedeutet nicht, dass Sie andere verletzen müssten. Tatsächliche Echtheit kommt aus Ihrem Posego.

Zuhörer: Die Nego-Gedanken müssen doch gejagt werden. Wer jagt sie denn?

P. de Souza: Es ist nicht nötig, die negativen Gedanken zu jagen, wenn Sie die positiven hereinlassen. Dann verziehen sich die negativen Gedanken immer mehr wie von selbst. Sie mögen keine Fröhlichkeit.

Zuhörer: In Wirklichkeit ist es doch so, dass Gefühle wie Wut, Hass, Traurigkeit usw. naturkatastrophenartig kommen, und man ist machtlos dagegen. Woher sollen dann die positiven Gedanken kommen?

P. de Souza: Das müssen Sie üben. Sie haben nicht verstanden, wie diese 'Naturkatastrophen' stattfinden. Sie haben nichts getan. Ihre negativen Gedanken konnten hereinkommen, weil Sie unbewusst waren. Sie haben sich für Unbewusstheit entschieden, und dadurch konnte die 'Naturkatastrophe' ihren Lauf nehmen. Wie Sie reagieren, hängt davon ab, welche Muster die Neuronen in Ihrem Gehirn gebildet haben. Nun braucht jemand bei Ihnen nur eine bestimmte 'Taste' zu drücken, und Sie reagieren nach dem bisherigen Muster. Bestimmte Reize führen zu bestimmten Reaktionen. Das haben Sie gelernt. Wenn jetzt ein bestimmter Reiz stattfindet, dann reagieren Sie z.B. mit Wut. So haben Sie es immer gemacht. Ihre Frau z.B. braucht nur ein bestimmtes Wort zu sagen, und Sie gehen in die Luft. Das kommt wie eine 'Naturkatastrophe'. Ihr Nego hat diese Konfiguration, dieses Muster, in Ihrem Kopf gemacht. Nun reagieren Sie automatisch auf diesen Reiz in einer bestimmten Art und Weise. Was Sie dagegen tun können, ist, diese Muster zu ändern! Das heißt, Sie müssen sich Ihre Gedanken bewusst machen, die zu diesen Gefühlsreaktionen geführt haben. Dann können Sie entscheiden, eine andere Reaktion einzuüben.
Zuhörer: Also ich muss entscheiden, ob ich meine Wut auslebe, oder ob ich auf konstruktive Art und Weise damit umgehe und z.B. einen Spaziergang mache.
P. de Souza: Ja, durch einen Spaziergang geht der Stress weg. Außerdem müssen Sie sich entscheiden: »Ich bleibe glücklich. Ich lasse mich von diesem Ereignis nicht stören. Ich reagiere anders, und dabei ändere ich die Konfiguration der Neuronen.« Der Schlüssel liegt in Ihrem Denken.
Zuhörer: Emotionen kommen manchmal ja überfallartig, so dass man in dem Moment nicht mehr eingreifen kann, auch wenn man es wollte.
P. de Souza: So haben Sie immer reagiert. Jetzt wollen Sie das ändern. Wenn Sie trotzdem noch ab und zu in Ihre alten Emotionen hineinfallen – das macht nichts. Durch Ihr bewusstes Ändern der Gedankenmuster werden diese Ausraster immer seltener kommen, und sie werden nicht mehr so intensiv sein. Es

dauert, bis Sie neue Muster gemacht haben. Wenn die neuen Muster installiert sind, dann ist es genauso einfach und selbstverständlich, glücklich und liebevoll zu sein, wie es vorher einfach und selbstverständlich war, auszurasten und elend zu sein.

Die Schaltzentrale neu verkabeln

Die Neuronen sind Schaltstellen in unserem Gehirn. *Bisher haben Sie mit Wut reagiert, wenn jemand Sie beleidigt hat. Wenn Sie abgelehnt wurden, haben Sie mit Traurigkeit reagiert. Wenn Sie kritisiert wurden, sind Sie ausgeflippt und haben sich verteidigt. Und das ist automatisch passiert. Die Reize, beleidigt oder kritisiert zu werden, betätigen die Schaltstellen in den Neuronen, die dann nach dem vorgeprägten Muster reagieren.* Das läuft über die Dendriten ab. Sie sind wie Milliarden von Fingern im Gehirn. Es sind Neurotransmitter. Sie schicken die Impulse als Antwort auf die Reize. Die Antwort kam bisher wie eine Naturkatastrophe über Sie, d.h. Sie haben auf diese Reize mit Wut, mit Trauer oder mit Ausflippen reagiert. *Jetzt wollen Sie mit Liebe und Verständniss reagieren. Jedesmal, wenn Sie mit Frieden reagieren, werden die Dendriten ein neues Muster bilden. Dann wird es leicht, mit Glückseligkeit, Frieden und Liebe zu reagieren. Es ist dann genauso einfach, wie es vorher einfach war, wütend zu reagieren.* Die Reize führen Sie jetzt zu einer ausgeglicheneren Reaktion. Die alten Muster werden umgebaut, und Sie werden jetzt 'überfallartig' positiv reagieren. Und das passiert ohne Kampf!

Einsicht

»Die richtige Einsicht haben«, sagte Buddha. Einsicht heißt, dass wir alles bewusst machen. Und wie können Sie Ihre Gedanken wieder klar machen, wenn Sie zerstreut sind? Wenn Sie sich total auf eine Sache konzentrieren und sich so hinein vertiefen, dass Sie sich selbst und die Zeit dabei vergessen – das ist Einsicht. Einsicht heißt, Sie tun etwas, und Sie wissen, dass Sie das tun. Das gilt nicht nur für die Arbeit, sondern auch für Ihre Gefühle. Sie sind z.B. wütend, und Sie wissen, dass Sie wütend sind. Wenn wir einatmen, wissen wir, dass wir einatmen. Wenn wir ausatmen, wissen wir, dass wir ausatmen. Manchmal atmen wir langsam, manchmal schnell. Wenn wir langsam atmen, dann wissen wir, dass wir langsam atmen. Wenn wir schnell atmen, dann wissen wir, dass wir schnell atmen. Das heißt »Einsicht«. Wenn Sie keine Einsicht haben, dann können Sie sich nicht ändern, denn Sie wissen nicht, was Sie tun.

Wenn Sie Ihre positiven Einstellungen nicht einsehen, können Sie kein Selbstwertgefühl entwickeln. Wenn Sie Ihre negativen Einstellungen nicht einsehen können, dann können Sie sie nicht ändern. Wenn Sie nicht einsehen können, wie Sie auf Beleidigungen mit Wut antworten oder auf Auseinandersetzungen mit Traurigkeit reagieren, können Sie das nicht ändern.

Sie sind alle Gottes Kinder. Bleiben Sie so. Es wird Ihnen gelingen, denn jetzt kennen Sie den Weg. *Wenn Sie etwas Falsches getan haben, dann verharren Sie nicht in Selbstbeschuldigungen.* Wenn Sie es bereut haben, wenn Sie es eingesehen haben, dann ist es vorbei. Bei Gott ist es gelöscht. Alle machen Fehler. Sie dürfen Fehler nicht nachtragen. Erwarten Sie stets das Beste, denn was Sie erwarten, das ziehen Sie mit kosmischer Kraft an.

Kapitel IV

Freiheit durch Vergebung

Vergebung statt Bestrafung

Christus sagte: »Liebe deinen Nächsten wie dich selbst.« Sie werden glücklich, wenn Sie lernen, sich selbst und anderen zu vergeben. Wenn etwas schiefgegangen ist, dann sagen Sie: »So ein Pech!« Als wäre Pech eine Göttin, die Ihr Leben lenkt. Ist jemand erfolgreich, dann sagen Sie: »Der hat Glück!« Als wäre Glück eine Göttin. Sie untersuchen nicht, was für einen Fehler Sie gemacht haben oder was zu dem Erfolg geführt hat. Sie schieben es einfach der Göttin 'Pech' oder 'Glück' zu. Dadurch vermeiden Sie, die sachlichen Gründe zu erforschen, die zu dem Erfolg oder Misserfolg geführt haben.
Unsere Essenz ist unsterblich, göttlich und ganz rein. Unsere Gefühle liegen wie eine Hülle um diese Essenz. In der Hülle gibt es Unreinheiten. Das sind alle unglücklichen Gefühle. Wer macht die Hülle unrein? Das macht jeder selbst. *Sie schaffen es, sich selbst unglücklich zu machen. Ich nenne das Selbstsabotage.* Das machen Sie ständig – meistens unbewusst. Wir können uns selbst nicht vergeben. Stattdessen bestrafen wir uns. Diesen 'Mechanismus' werden wir jetzt untersuchen: Wie bestrafen wir uns und was können wir tun, um uns zu vergeben und uns glücklich zu machen? Wir wollen uns nicht mehr in die Hände der Göttinnen 'Glück' und 'Pech' begeben.

Sie können Ihre emotionale Hülle reinigen, indem Sie sich und anderen vergeben. Sie können auf zwei Arten vergeben. Einmal bitten Sie jemanden um Verzeihung, den Sie verletzt haben. Die zweite Art von Vergebung besteht darin, daß Sie sich selbst nicht bestrafen. Grundlegend ist aber, daß Sie wissen, was Sie als Strafe empfinden – von anderen und von sich selbst. Dann können Sie auch mit der Vergebung beginnen.

Ihre Entscheidung

Sie schaffen die Hülle um Ihre unsterbliche, göttliche Seele durch Ihre alltäglichen Entscheidungen. Die Hülle ist Ihr eigenes Werk. Sie können sie auch anders gestalten. Sie haben die Macht über Ihre Einstellungen, über Ihren Glauben, über Ihre Ansichten; denn Sie haben sie selbst aufgebaut. Sie sind der Architekt der Hülle um Ihre Seele. Diese Hülle kann genauso rein sein wie die Seele selbst. Das ist Ihre Entscheidung.

Es gibt Handlungsweisen, die Ihre Liebe fördern und andere, die Ihre Angst verstärken. Wenn Sie Menschen als feindlich betrachten, haben Sie selbst feindliche Gefühle und handeln entsprechend. Die Einstellung, mit der Sie handeln, wird durch die Handlung weiter verstärkt. Eine Frau z.B. stimmt immer mit ihrem Mann überein und tut alles, was er will. Entscheidend ist aber die Einstellung, mit der sie das tut. Wenn sie aus mangelndem Selbstwertgefühl unterwürfig ist, dann verstärkt sie durch dieses Verhalten ihr Minderwertigkeitsgefühl. Steht Selbstbewusstsein hinter ihrer Handlungsweise, dann wird sie durch ihr Verhalten noch selbstbewusster.

Handlungen führen zu Gefühlen. Durch Handlungen können Sie Gefühle erzeugen, Sie können sie verstärken oder Sie können sie abschwächen. Viele Leute glauben, ihr Charakter liege ein für allemal fest und könne sich nicht verändern. Das scheint aber nur so, weil sie sich tagein tagaus auf dieselbe Weise entscheiden und entsprechend handeln. So sind auch ihre Gefühlsreaktionen immer gleich und sie glauben, daß sie ihre Gefühle nicht kontrollieren könnten.
Aber wir können unsere Handlungsweisen steuern. Wir sind nicht das Opfer unserer Vergangenheit. Wir leben jetzt und können jetzt in die Zukunft steuern, die wir haben wollen. Es gibt nur einen Haken: Wir kennen sehr oft nicht die Absicht, die hinter unserer Handlung steht. Durch unsere Handlung verstärken wir sie jedoch. *Jedesmal, wenn Sie nach einer bestimmten Absicht handeln, wird diese Absicht verstärkt. Umgekehrt, wenn Sie nicht nach der Absicht handeln, wird sie abgeschwächt werden.* Es gibt so viele Leute, die einen irrationalen

Glauben haben. Sie merken es nicht und bleiben dabei, weil ihr Handeln die Irrationalität immer weiter verstärkt. Sie haben z.B. Furcht vor Hunden. Sie halten diese Furcht für gerechtfertigt, denn als Kind hat Sie einmal ein kleiner Hund angeknabbert. Nun drehen Sie sich um, wenn Sie einen Hund kommen sehen. Sie laufen gerne überall hin, nur um ihm nicht zu begegnen. So verstärken Sie Ihren irrationalen Glauben.

Der Tiger

Wenn wir Angst haben, dann laufen wir. William James, ein Psychologe und Arzt, sagte: »Wir haben Angst, weil wir laufen.« Allerdings konnte er nicht erklären, warum das nicht immer so ist. Er glaubte, dass durch die Aktivität unsere Drüsen Hormone erzeugen, und die Hormone erzeugen dann die Angst. Also: Handlung - Hormone - Gefühl. Aber das ist nicht die ganze Wahrheit! Nach William James müssten wir nur laufen, um Angst zu haben, wir müssten nur lachen, um glücklich zu sein und wir müssten nur jemanden streicheln, um liebevoll zu sein. Das klappt aber leider nicht ganz. Was hatte Prof. James übersehen? Er hatte den Tiger vergessen, der hinter unseren Handlungen steckt: Die Motivation!

> Viele Menschen geben einem anderen die Hand. Aber dabei denken sie: »So ein Schuft!« Sie fühlen nicht automatisch Achtung, nur weil sie die Hand geben. Sie haben eine andere Motivation. Glück und Liebe können aber erst entstehen, wenn sich unsere negativen Motivationen ändern.

Was heißt Absicht oder Motivation? Jeder hat bestimmte Einstellungen, die er mit sich herumträgt. Alle diese Glaubenssätze sind mit Gefühlen verbunden. Zusammen ergeben diese beiden Faktoren die Motivation. Dabei sind die Gefühle dominierend. Wir handeln nach unseren Gefühlen. Unsere Handlungen verstärken dann unsere Gefühle und dadurch auch unsere Einstellungen.

Sehen Sie dieses Beispiel: Ein Mann sitzt abends vor dem Fernseher. Wenn er es tut, weil es für ihn die einfachste Art der Entspannung ist, dann wird sich mit dem Fernsehen das Gefühl der Entspannung verstärken. Wenn er fernsieht, weil er aus Angst vor der Dunkelheit nicht nach draußen geht, was er lieber täte, dann verstärkt sich die Angst. Es gibt also eine Verbindung zwischen der Absicht (Motivation), der Handlung und der Verstärkung der Gefühle (des Glaubens), die mit der Absicht verbunden sind.
Die Handlung ist der Schlüssel, mit dem wir eingreifen können. Durch sie können wir die Motivation verändern. Wenn Sie Angst vor der Dunkelheit haben, gehen Sie hinaus! Nur ein paar Schritte. Im Laufe der Zeit ändert sich Ihr Gefühl. Aber vergessen Sie nicht, dass Sie auch bewusst anders denken müssen. Solange Sie sich die ganze Zeit vorsagen, dass es diesmal nur Zufall war, dass Ihnen draußen nichts geschehen ist, kann sich das Gefühl nicht ändern.

Dialog

Zuhörer: Kann ich das so verstehen, dass ich erst mal meine Gedanken ändern muss, wenn ich meine Handlungen ändern will? Dass das Ändern der Gedanken allein aber nicht ausreicht, sondern dass wir darauf achten müssen, entsprechend unserem veränderten Denken nun auch zu handeln?
P. de Souza: Ja, es muss zu einer neuen Handlungsweise führen. *Die neuen Glaubenssätze bleiben so lange unwirksam, wie meine Handlungsweise weiterhin die alten Glaubenssätze verstärkt.*
Zuhörer: Das Entscheidende ist, dass das Zukunftsbild sich verändert. In dem Maße, wie sich mein Zukunftsbild verändert, wird sich mein Handeln verändern.
Zuhörer: Aber Tatsache ist, dass die Zukunft immer jetzt beginnt; denn handeln kann ich immer nur jetzt in der Gegenwart.
P. de Souza: Ja, entdecken Sie den Zusammenhang zwischen Ihren Gefühlen, Ihren Einstellungen und Ihren Handlungen. Dann können Sie Ihre Handlungen jetzt verändern; denn Ihre

Gefühle können Sie nicht unmittelbar verändern. Die Reihenfolge ist: Glaube, Gefühl, Handlung, Gefühl. Ich möchte z.B. keine Rede halten (Einstellung/Glaube), weil ich fürchte, ausgelacht zu werden (Gefühl). Deshalb halte ich keine Rede (Handlung) und verstärke damit meine Angst vor dem Reden (Gefühl). Jedesmal, wenn ich nach einem bestimmten Gefühl handle, dann wird dieses Gefühl und der dazugehörende Glaube verstärkt. Wenn ich aber die Rede gehalten habe, dann wird der Glaube an meine Unfähigkeit schwächer. Deshalb geben Sie nicht dem Glauben nach, dass Sie etwas nicht können, sondern versuchen Sie jetzt das Bestmögliche zu tun. Dann festigen sich positiver Glaube und Selbstbewusstsein.

Charakter

Unser Charakter, also das System unserer inneren Motivationen, scheint mehr oder weniger fest zu sein. Aber es gibt Menschen, die sich im Laufe der Zeit geändert haben. Warum haben sie sich geändert? Als Sie Rad fahren gelernt haben, sind Sie anfänglich immer wieder umgefallen. Aber anstatt aus Angst aufzuhören, haben Sie es immer wieder versucht und haben es schließlich gelernt. Es ist besser, Ängsten zu begegnen, als ein ganzes Leben lang voller Angst zu sein.

Mit unnötigen Ängsten bestrafen und quälen Sie sich. Da kann Ihre Vergebung beginnen! Und erinnern Sie sich daran, dass die meisten Ängste tatsächlich unnötig sind!

Manchmal wird ein Charakter auch durch ein Trauma geändert. Durch einen Trauerfall z.B. kann ein Mensch sein ganzes Leben ändern. Ein Trauerfall kann eine sehr starke Motivation sein, denn er steht für ein sehr intensives Gefühl.

Oder ein Kind, das eine Zahnspange tragen muss, wird von seinen Klassenkameraden gehänselt. Damit sich eine solche Situation nicht negativ traumatisch auswirkt, kann man sie positiv beeinflussen. Z.B. kann man den Kameraden erklären, dass die Zahnspange vom Arzt verordnet ist und kann sie bitten, dem Kind zu helfen, mit seinem

Handicap fertig zu werden. Öfter als Sie denken, kann eine solche soziale Aufgabe einen Menschen motivieren, sein Verhalten zu ändern. Oder einen ausgemachten Raufbold kann man dazu bestimmen, die anderen Kinder in der Schule zu beschützen. Durch diese Aufgabe wird er handeln, als sei er liebevoll, und dann ist er liebevoll.
Mit solchen Motivationen im Hintergrund kann das Schema von Dr. James greifen: Die Handlungen erzeugen dann wirklich die Gefühle.

Viele Einstellungen haben Sie von Ihren Eltern übernommen, als Sie jung waren. Aber Sie sind es, die diese Einstellungen durch Ihre Handlungen bestätigt und verstärkt oder abgelehnt und geschwächt haben. Sie selbst sind für Ihre Handlungen verantwortlich. Sie machen die Hülle um Ihre Seele. Die alten Muster verschwinden, sobald Sie mit Ihren Gedanken auch Ihre Handlungsweise ändern. Darum geht es: Sie können Ihre emotionale Hülle ändern, indem Sie sich bewusst vergeben: indem Sie bestrafende Handlungsweisen ändern.

Vergebung – das Ende der Selbstbestrafung

Am Anfang gibt es etwas, das Sie schätzen (z.B. Ihre Arbeitsstelle, Ihre Ehe, Ihr Auto). Wenn die Gefahr besteht, dass diesen geschätzten Dingen etwas passiert, dann versuchen Sie, sich vor dem Verlust oder der Gefahr zu schützen. Jetzt handeln Sie nach dieser Sorge und verstärken damit die ängstigende Emotion. So beginnt ein negativer Regelkreis, den ich als Selbststrafe bezeichnen möchte.
Wenn Sie z.B. das Haus verlassen, prüfen Sie noch einmal, ob die Tür tatsächlich geschlossen ist. Das ist normal. Wenn Sie es aber fünfmal hintereinander tun, dann ist es nicht mehr normal, dann ist es eine Selbststrafe.
Wie kann man feststellen, ob eine Handlung eine Selbststrafe ist? Wenn eine Handlung Sie nur unangemessen zufriedenstellt und das impulsgebende Gefühl nach kurzer Zeit wieder auftaucht, deutet dies auf eine Selbstbestrafung hin. Das heißt nicht, dass eine Handlung

Sie für alle Zeiten befriedigen muss; essen wollen Sie auch immer wieder – aber wenn Sie schon 20 Minuten nach dem Mittagessen wieder Hunger verspüren, dann stimmt etwas nicht. Dann haben Sie sich möglicherweise mit dem Mittagessen selbst bestraft – indem Sie z.B. zuwenig gegessen haben, weil es sich vielleicht nicht schickt, mehr zu essen oder weil Sie möglicherweise unbedingt abnehmen müssen, um schön zu sein.
Neulich erlebte ich etwas Seltsames: zwei Damen wollten mich sprechen. Die eine war eine sehr hübsche zwanzigjährige junge Frau. Sie klagte, dass sie keinen Freund finden würde. Die andere Dame war eine sechzigjährige Frau, die ebenfalls etwas zu klagen hatte. Sie wusste nicht, für welchen von zwei Männern, die um sie warben, sie sich entscheiden sollte. Sie war strahlend und charmant, weil sie glaubte, dass sie schön und begehrenswert sei und danach handelte.
Sie haben z.B. eine bestimmte Angst, und Sie handeln, um ihre Angst zu beseitigen, indem Sie vielleicht nicht auf die Straße gehen. Aber durch die Handlung wird die Angst verstärkt. Das soll kein Grund sein, sich nicht zu schützen. Sie haben z.B. Angst, den Arbeitsplatz zu verlieren. Wenn Sie während der Arbeit Schach spielen, haben Sie auch allen Grund, um Ihren Arbeitsplatz zu fürchten. Sofern Sie aber Ihr Bestes tun, brauchen Sie keine Angst zu haben, dass Ihnen gekundigt wird. Im Dschungel muss man nach jedem noch so vorsichtigen Schritt erneut Angst vor Tigern haben. Das ist keine Selbststrafe.
Wenn Sie nach der Handlung zufrieden sind und das Problem für Sie gelöst ist, dann haben Sie sich vergeben. Aber wenn Sie nur vorübergehend glücklich sind und Ihr negatives Gefühl taucht wieder auf, dann bestrafen Sie sich durch Ihr Verhalten. Die Handlungsweise macht das Problem dann schlimmer. *Ihre Aufgabe ist es nun, herauszufinden, welche Handlungsweisen Ihre Probleme verstärken. Dann können Sie aufhören, so zu handeln. Das ist die eigentliche Bedeutung von Vergebung.*

Wie können Sie Ihren Glauben und ihre negativen Gefühle abschwächen? Indem Sie aufhören, entsprechend zu handeln. Sehen Sie dieses Beispiel: Eine Frau findet einen Freund. Vorher war sie sehr kontaktfreudig. Jetzt konzentriert sie sich auf ihren Freund und bricht alle Kontakte zu anderen ab. Dadurch ist sie nun stark von ihm abhängig. Jetzt geht er für zwei Wochen in Urlaub. Ihre Befürchtung, dass er dort Kontakt zu anderen Frauen aufnimmt, macht sie reif für eine Selbststrafe. Sie beginnt zu überprüfen, wo er gewesen ist und was er gemacht hat. Mit jeder Handlung in diese Richtung macht sie ihre Selbststrafe schlimmer. Das Bedrohliche, das die Selbststrafe auslöst, ist die Angst, Besitz zu verlieren. Entweder den Besitz von materiellen Gütern, von Sicherheit, Liebe oder Status. Wir haben Angst vor Veränderungen – selbst vor Verbesserungen. Lieber bestrafen wir uns selbst. Indem man nach dieser Angst handelt, verstärkt man sie noch und damit die Neigung zu noch mehr Selbstbestrafung.

Die Praxis der Vergebung: positives Denken

Es kann immer wieder sein, dass Ihre Angst berechtigt ist. Wenn sie aber nicht berechtigt ist, wie schützen Sie sich dann davor, sich selbst zu bestrafen? Es gibt viele Aspekte, auf die Sie achten können. Ich möchte einige davon aufzählen:

- Glauben Sie an Ihre persönliche Stärke. Wenn Sie dann wirklich einmal in Schwierigkeiten kommen, können Sie es verkraften. Sie können eine Lösung finden. Das ist besser, als immer zu glauben, dass etwas passieren könnte. Anstatt sich immer zu schützen, ist es besser zu glauben, dass Gott Sie beschützt und Ihnen Kraft gibt, falls Schwierigkeiten auftreten. Und ob Sie es glauben oder nicht: Gott schützt Sie tatsächlich.
- Fragen Sie auch nie, was andere Leute von Ihnen denken. Wenn sie sich positiv äußern, bleiben Sie weiterhin mißtrauisch und können es nicht glauben. Wenn sie sich negativ äußern, sagen Sie: »Das hatte ich befürchtet!« In jedem Falle machen Sie also Selbstsabotage.
- Versuchen Sie auch nicht, andere zu manipulieren, dass sie Ihnen ein Kompliment machen. Frauen fragen z.B.: »Findest du mich schön?« Jede Antwort, ob ja oder nein, macht Sie unglücklich – wenn Sie selbst glaubt, nicht schön zu sein!

- Wenn Sie Besitz haben und Sie reden über Ihre Angst, ihn zu verlieren, und was Sie alles tun, um ihn zu sichern, so wird Ihre Angst jedesmal stärker werden – da Sie aus Angst reden. Das gilt auch in Beziehungen. Sie fühlen sich z.B. bedroht von jemandem und reden darüber mit anderen. Was passiert? Jetzt verstärkt sich der Glaube, dass die Person Sie tatsächlich bedroht.
- Versuchen Sie nicht, das Verhalten von anderen (z.B. Ihres Mannes oder Ihrer Frau) zu ändern.
- Haben Sie auch keine Angst, nicht richtig zu handeln. Wenn Sie auf Grund dieser Angst handeln, werden Sie die Angst verstärken.

Wenn Sie solche Ängste haben, dann reden Sie mit Ihren Freunden darüber. Es ist besser, die Ängste durch Reden loszuwerden, als danach zu handeln. Aber jammern Sie nicht zu viel! Manche erzählen stundenlang, was Ihnen alles Schreckliches passiert ist. Hören Sie auf, von Ihrer Vergangenheit und von Ihrem Kummer zu reden. *Reden Sie über positive Dinge – was Sie vorhaben und was Ihnen gelungen ist.*

Enthusiasmus

Jeder baut die Hülle um seine Seele selbst. Alle negativen Gefühle machen die Hülle unrein. Aber Sie können sie wieder rein und strahlend machen. Gefühle werden verstärkt, wenn Sie nach diesen Gefühlen handeln. Sie entscheiden, ob Sie positive oder negative Gefühle verstärken wollen. Versuchen Sie, begeistert zu sein! Das ist sehr wichtig! Begeisterung kommt von positiver Motivation.

Was kann man tun, um begeistert zu sein? Griechisch heißt Begeisterung Enthusiasmus. 'Theo en tei' bedeutet 'Gott in dir'. Begeisterung heißt also, dass Gottes Geist in Ihnen ist. Was ist also das Geheimnis, begeistert zu sein? Haben Sie Vertrauen! Dann ist Gottes Geist in Ihnen!

Wissen Sie, wie Sie Vertrauen in Ihren Partner haben können? Handeln Sie so, als ob Sie schon Vertrauen hätten und denken Sie so, als ob Sie schon Vertrauen in ihn hätten!

Dialog

Zuhörer: Voraussetzung ist aber, dass ich mir immer bewusst bin, was eigentlich passiert, was mein Gefühl im Moment mit mir macht.
P. de Souza: Ja, Sie brauchen das Wissen, wie Ihr Gefühl Sie zu Handlungen führt. Wenn Sie handeln, brauchen Sie die Bewusstheit darüber, welche Motivationen dahinterstehen. Das Gefühl treibt Sie zu Handlungen.
Wenn Sie handeln, dann fragen Sie sich: Warum handle ich so? Welcher Glaube (Motivation) steht dahinter? Wenn ich z.B. viel Geld ausgebe – Will ich beweisen, dass ich ein reicher Mann bin? Will ich mir einen Wunsch erfüllen? Will ich Gutes tun? Sie verstärken mit Ihrer Handlung Ihre jeweilige Motivation!

Negative Gewohnheiten verändern

Der erste Schritt ist es, unsere Gewohnheiten zu beobachten. Wir haben Gewohnheiten, die wir ändern wollen. Aber es gibt auch gute Gewohnheiten. Wenn wir Auto fahren, brauchen wir über die Handgriffe dabei nicht mehr nachzudenken. Sie laufen gewohnheitsmäßig ab. Beim Klavierspielen können wir uns auf den künstlerischen Ausdruck konzentrieren, wenn das Spielen automatisiert ist. Frauen können gleichzeitig zuhören und reden. Männer können nur das eine oder das andere.

Wir müssen uns bewusst darüber werden, was wir machen und warum wir es machen. Sie haben z.B. die Gewohnheit, Ihre Wut zu unterdrücken oder ständig um Komplimente zu bitten, oder Sie können keine Geheimnisse behalten. Diese Gewohnheiten müssen erst einmal studiert werden. Wann und unter welchen Umständen benutzen Sie sie? Z.B. »Ich esse zu viel«. Das heißt ja nicht, nun gar nichts mehr zu essen. Untersuchen Sie statt dessen genau, was verkehrt läuft. Unter welchen Umständen neige ich dazu, zu viel zu essen? Oder: Was esse ich zuviel?

Am Anfang der Veränderung geht es einem oft schlechter. Das ist aber nur eine Durchgangsphase. Denken Sie daran, dass es Ihnen später gut gehen wird und freuen Sie sich darüber, dass Sie Ihr Leben in die Hand nehmen und etwas für sich tun.

In folgenden Schritten können Sie eine Gewohnheit verändern:

- Definieren Sie zuerst Ihren Ist-Zustand. Anerkennen Sie Ihr Verlangen und stellen Sie fest, wann Sie es haben. Schreiben Sie die Nachteile auf. Schreiben Sie auch auf, welche scheinbaren Vorteile es Ihnen bringt. Diese scheinbaren Vorteile machen es so schwer, auf die Gewohnheit zu verzichten.
- Stellen Sie fest, was für Gefühle Sie gewinnen wollen und versuchen Sie, sie möglichst intensiv zu fühlen.
- Schreiben Sie sich Affirmationen auf, die Sie darin stärken, Ihr Ziel zu erreichen.
- Visualisieren Sie sich selbst mit der erstrebten neuen Gewohnheit.
- Handeln Sie nach der neuen Gewohnheit und üben Sie sie ein.

Bei vielen Gewohnheiten ist es sinnvoll, sie schleichend zu verändern. Wenn Sie z.B. jeden Tag 10 Tassen Kaffee getrunken haben, dann können Sie nicht von heute auf morgen damit aufhoren. Zuerst beobachten Sie, wieviele Tassen es sind. Dann trinken Sie von Woche zu Woche eine Tasse weniger.

Dialog

Zuhörer: Ich habe einen Tipp, wie man das Rauchen aufgeben kann. Die Raucher wissen, dass Rauchen schlecht für die Nerven ist. Aber normalerweise rauchen sie, um sich zu beruhigen. Dabei atmen sie tief ein und aus. Nun können sie ohne Zigarette einfach an die Luft gehen und tief ein- und ausatmen. Wenn sie das zehnmal machen, dann ist der Wunsch nach einer Zigarette weg.
P. de Souza: Das ist ein guter Tipp! Wenn Sie aber trotzdem manchmal in die alte Gewohnheit verfallen und doch rauchen,

dann haben Sie bitte kein schlechtes Gefühl! Gehen Sie das nächste Mal trotzdem wieder an die frische Luft und atmen Sie tief ein und aus.
Zuhörer: Ich habe viele Leute getroffen, die geraucht haben, weil sie es als Kinder in einer angenehmen Situation erlebt haben, z.B. wurde bei Oma und Opa geraucht. Immer, wenn sie Druck bekommen, müssen sie rauchen. In dem Moment aber, in dem sie den Zusammenhang begreifen, können sie es lassen.
P. de Souza: Ja, das Rauchen ruft vielleicht die Erinnerung an glückliche Tage bei Opa hervor. Warum haben Sie schlechte Gewohnheiten? Sie versuchen, die Realität nicht wahrzunehmen – lieber leben Sie in Erinnerungen. Vielleicht haben Sie eine schlechte Ehe. Sie wollen sich das aber nicht bewusst machen und verdrängen es. Dabei helfen Ihnen Ihre negativen Gewohnheiten – Sie essen zuviel, rauchen oder verträumen den Tag.

Was tun im Dunkeln?

Ein depressiver Mensch sagt: »Das Leben ist nicht mehr schön. Alles ist aussichtslos. Ich möchte niemanden sehen. Ich habe keine Lust, etwas zu tun.« Also tut er nichts – gewohnheitsmäßig. Und wie könnte er seine Gewohnheit abschwächen? Indem er das bisherige Verhalten unterlässt. Ein depressiver Mensch sollte also etwas tun. So kann er seine Depression überwinden.
Wenn Laotse sagte: »Nichts tun!«, dann meinte er, dass man die schlechten Gewohnheiten nicht tun sollte, um sie nicht zu verstärken. Eine Depression kann plötzlich auftreten, z.B. bei einem Trauerfall oder regelmäßig bei bestimmten Gelegenheiten (Prüfungen, Mahnungen, Kritik). Wenn Sie in so einer depressiven Phase sind, können Sie dennoch etwas tun! Aber Sie fragen: »Warum soll ich etwas tun?« Sie handeln nur, wenn Sie sehen, dass eine Änderung nötig ist oder dass es sich lohnt, etwas zu tun. *Wenn Sie aber nichts tun, dann fühlen Sie sich aussichtslos und werden traurig und unglücklich. Hören Sie deshalb nicht auf, etwas zu tun.*

Wenn Sie depressiv sind, sehen Sie nicht mehr die helle Seite des Lebens. Sie sitzen im Dunkeln. Es gibt einige Aspekte, die Sie sich schon heute merken sollten, um dann rechtzeitig einzuschreiten.
Sie neigen dann dazu, Termine abzusagen. Tun Sie das ganz bewusst nicht! Oder Sie wollen mit niemandem Kontakt haben. Deshalb begrüßen Sie Bekannte ganz bewusst und gehen auf sie zu. Oder Sie wollen nicht aus dem Bett aufstehen und laufen den ganzen Tag im Schlafanzug herum. Stattdessen stehen Sie bewusst auf und ziehen Sie sich an. Beantworten Sie die Briefe, die Sie erhalten haben. Essen Sie regelmäßig. Wenn Sie keinen Wert auf Ihre Kleidung legen, dann drücken Sie damit aus, dass es für Sie keinen Grund gibt, sich gut anzuziehen. Indem Sie sich nicht gut anziehen, wird diese Ansicht verstärkt. Wenn Sie ein Konzert hören wollten, geben Sie diese Absicht nicht auf! Machen Sie Ihre Arbeit so perfekt wie möglich. Lernen Sie etwas Neues. Hören Sie auf, über Ihre Probleme zu jammern. Mit dem Jammern verstärken Sie Ihre Depression. Wenn Sie mit jemandem sprechen (z.B. am Telefon), dann sprechen Sie vor allem über gute Nachrichten, bedanken Sie sich und loben Sie die andere Person und auch sich selbst! Vergleichen Sie sich nicht mit anderen Leuten um festzustellen, dass die anderen glücklicher sind oder dass es anderen noch viel schlimmer geht als Ihnen. Dann schließen Sie daraus nur, dass die Welt ungerecht und schlecht ist. Setzen Sie sich statt dessen Ziele – *kleine Ziele zunächst.* Überwinden Sie sich dazu, mit Leuten zu reden. Immer den Kopf hochhalten und den Mut nicht verlieren! Alles kann verloren gehen, aber den Mut dürfen Sie nie verlieren! Wenn Sie den Mut nicht verlieren, ist alles o.k. *Den Mut zu behalten heißt, das Himmelreich in sich gewonnen zu haben.* Das können Sie üben.

Wie bekommen Sie eine glückliche Ehe?

Wie können wir das Feuer der Liebe entfachen? Genau wie Sie die Flamme heruntergedreht haben, können Sie sie auch wieder aufdrehen. Tun Sie etwas Liebevolles, und Sie werden liebevoll sein! Machen Sie das aber nicht durch negative Gedanken wieder zunichte.

Denken Sie nicht: »Was bin ich für ein Heuchler«, sondern: »Ich bin glücklich und stolz auf mich, dass ich mich für die Beziehung einsetze!« *In Beziehungen geht es um Gefühle. Deshalb ist es hier besonders wichtig, das Gesetz zu beachten: Gedanken erzeugen Gefühle und Gefühle führen zu Handlungen, und die verstärken dann wieder die Gefühle.* Das geschieht sowohl mit den Gefühlen der Liebe wie auch des Hasses.

Wie gehen wir mit Ärger um? Es gibt unzählige Gelegenheiten, sich zu ärgern. Ein Freund hält Ihnen Ihre Fehler vor. Es ist nicht ratsam, wenn Sie sich jetzt verteidigen und Ihre Tugenden aufzählen. So geben Sie dem Angriff Gewicht, und er wird von Mal zu Mal schmerzhafter. Statt dessen sollten Sie sich durch den Angriff in Ihrem Verhalten nicht beeinflussen lassen. Gehen Sie nicht darauf ein.

Manchmal werden Sie nur indirekt angegriffen. Sie werden vielleicht nicht ernst genommen oder Ihr Partner verwickelt Sie immer in Diskussionen, die Sie gar nicht wollten. Steigen Sie nicht ein, sondern lassen Sie ihn reden. Verteidigen Sie sich nicht und rechtfertigen Sie sich nicht! Diesen Fehler machen Frauen immer wieder. Dadurch verstärken sie ihr Gefühl, dass sie unwürdig sind. Lassen Sie ihn einfach reden! Denken Sie immer daran: Sie werden nicht durch die Handlung der anderen bedroht, sondern stets nur durch Ihre eigene Reaktion auf diese Handlung. Das ist das Gesetz! *Die Handlungen der anderen lösen je nach Ihrer Einstellung Gefühle in Ihnen aus. Wenn Sie nicht auf diese Gefühle eingehen, werden diese Gefühle verschwinden, denn Sie schwächen die Einstellung dahinter ab.* Das ist das große Geheimnis.

Das Geheimnis der Vergebung

Wir vergeben uns selbst nicht, wenn wir auf unsere negativen Gefühle eingehen. Vielmehr verstärken wir auf diese Weise unsere negativen Emotionen, und das bedeutet: Wir bestrafen uns, anstatt uns zu vergeben und neue, positive Handlungsweisen auszuprobieren!

Sich selbst vergeben heißt, dass Sie Ihre gewohnten negativen Reaktionen auf schlechte Gefühle ändern.

Bisher handelten Sie immer nach Ihren Leitsätzen, dass Sie schlecht sind. Sie handelten nach Ihren negativen Emotionen und bestraften sich dadurch selbst. Handeln Sie jetzt nur noch nach positiven Emotionen, und Sie werden sich dadurch vergeben.

Christus hatte gesagt: »Liebe deinen Feind.« Loben Sie die Leute, die gegen Sie sind. Denn wenn Sie auf sie losgehen, dann verstärken Sie das negative Gefühl in sich, so dass Sie im Grunde sogar selbst auf sich losgehen. Sie werden noch wütender auf die anderen. Dadurch können Sie sich selbst nicht lieben und können nicht glücklich werden. Denken Sie daran: Hass kann nicht durch Hass überwunden werden. Liebe deinen Nächsten, damit die Liebe wachsen kann. Wenn Sie liebevoll sind, wird die Liebe stärker werden. Das gilt für alle Beziehungen. Immer wenn Sie gegen den Partner schimpfen, haben Sie mehr Grund, gegen ihn zu schimpfen. Erzählen Sie auch nicht beim Kaffeeklatsch, was für einen blöden Mann Sie haben. Was passiert dann? Sie werden ihn noch blöder finden und werden sich ihm gegenüber entsprechend verhalten. So wird der Teufelskreis in Gang gehalten.
Wenn jemand etwas objektiv Falsches gemacht hat (er hat z.B. gestohlen), dann kann ich sagen: »Ich verzeihe Ihnen, aber Ihr Verhalten war nicht richtig«. Ebenso verfahren wir auch mit Kindern. Sie machen oft Fehler. Dann sagen Sie ihnen: »Dich habe ich sehr lieb, nur dein Verhalten gefällt mir nicht.«

Die Maske des Medizinmanns

Die Kyberphysiologie sagt, dass die Gedanken unsere Körperfunktionen beeinflussen. Sowohl bei einem ayurvedischen Arzt, wie bei einem Medizinmann in Afrika oder einem amerikanischen Psychotherapeuten ist die Heilungsquote etwa 30%. Warum setzt der

Medizinmann eine Maske auf und tanzt zum Tamtam? Er will den Kranken beeindrucken. Er will Hoffnung in ihm wecken. Das ist es, was ein guter Therapeut bewirkt. Sobald Sie in seine Gegenwart kommen, sind Sie schon halb geheilt. Womit erweckt der amerikanische Psychotherapeut Hoffnung? Er trägt einen weißen Kittel, und an der Wand hängen seine Diplome. Was macht der ayurvedische Arzt? Er sagt, dass seine Methoden auf jahrtausende alten Erfahrungen beruhen. Das alles geschieht, um im Patienten die Hoffnung zu erwecken, dass er geheilt wird.
Wir können auch selbst unseren Geist benutzen, um unsere Körperfunktionen besser zu steuern. Am wirksamsten ist es, wenn wir dazu in den Entspannungszustand gehen. Suggestionen, Affirmationen oder Visualisationen wirken tiefer, wenn Sie entspannt sind. So können Sie die rechte Seite Ihres Gehirns erreichen.

Wir finden durch folgende Übung in diesen Zustand: Wir setzen uns mit geradem Rücken auf den Stuhl, schließen die Augen, entspannen uns und zählen den Atem. Anfänglich von 30 bis 0. Dann stellen wir uns ein gelbes Licht vor. Dann wechselt die Farbe des vorgestellten Lichtes zu rot, dann zu rosa. Nun wieder zurück: Wir stellen uns das rosarote Licht vor, dann das rote, dann das gelbe Licht. Jetzt sind Sie im Alpha-Zustand. In diesem Zustand können Sie alles machen: Sie können Affirmationen machen, Sie können verzeihen (in ein schönes Zimmer lassen Sie die Person eintreten, der Sie verzeihen wollen oder die Ihnen verzeihen kann), Sie können Ziele visualisieren oder Visionen machen. Um aus dem Zustand wieder herauszukommen, sagen Sie: »Ich zähle bis 5 und bin dann wieder wach.«

Auch das Normalbewusstsein kann für jeweils Sekundenbruchteile vom Alpha-Zustand unterbrochen sein. Während dieser Zeit werden (positive und negative) Affirmationen wirksam. Die negativen sind wirksamer, weil Sie mehr daran glauben – weil sie mit intensiveren Gefühlen verbunden sind. Gedanken und Gefühle machen Ihre Einstellungen. Wenn Sie positive Affirmationen machen, denken Sie daran, sie mit Gefühlen zu verbinden. Dann werden sie auch wirksam. Das geht in einem entspannten Zustand einfacher.

Freiheit

Kann Ihr Selbstwertgefühl durch Lob aufgebaut werden? Nur wenn Sie glauben, dass Sie das Lob verdient haben.

> Es ist nicht wichtig für Ihr Selbstwertgefühl, was die anderen von Ihnen halten. Wichtig ist allein, was Sie von sich halten.

Wenn Sie versuchen, nur Lob zu gewinnen, dann werden Sie vom Lob der anderen Menschen abhängig. Ohne Lob halten Sie sich dann für unwürdig und werden mit allen Mitteln versuchen, Lob zu gewinnen. Dadurch verstärken Sie das zugrunde liegende Gefühl, und Sie fühlen sich mehr und mehr unwürdig. Lob nützt Ihnen nur etwas, wenn Sie daran glauben können, wenn Ihr Selbstwertgefühl hoch ist.

Viele sagen, man müsse andere durch Lob aufbauen. Dann werden Sie aber misstrauisch, wenn Sie gelobt werden. Sie vermuten, dass die anderen Sie für unfähig halten und sie nur aufbauen wollen. Aber wenn Sie selbst an sich glauben, dann sind Sie nicht vom Lob der anderen abhängig.

Dialog

Zuhörer: Wenn ich mich aber vom Lob und vom Erfolg unabhängig mache, widerspricht das nicht unserer Philosophie, dass wir ganz viel erwarten sollen, um es dann auch zu bekommen? Wenn ich nichts erwarte, kann ich doch auch nichts bekommen.

P. de Souza: In erster Linie unternehmen Sie alles aus Freude und erwarten erst in zweiter Linie, berühmt oder erfolgreich zu werden. Wenn Sie nur schreiben, was den Leuten gefällt, Ihnen gefällt es aber nicht, und Sie tun es nur, um berühmt zu werden, dann ist es falsch. Es gibt also keinen Widerspruch. Sie erwarten, Sie selbst zu sein. Das ist der größte Erfolg und daraus entsteht der größte Erfolg.

Es gibt Leute, die nicht besonders schön sind. Aber sie haben Freunde und sind sehr glücklich. Andere sind sehr schön (z.B. Marilyn Monroe), aber sie sind unglücklich. Warum? Sie können sich selbst nicht lieben und wollen von anderen geliebt werden. Versuchen Sie nicht, die Bewunderung der anderen zu gewinnen. Das macht Sie nicht glücklich. Sie können glücklich sein, auch wenn Sie keine hervorstechenden Eigenschaften und keine Freunde haben. Seien Sie stolz auf die Eigenschaften, die Sie haben, auch wenn es (noch) keine höchst außergewöhnlichen und besonderen Eigenschaften sind. *Wenn Sie gemocht werden wollen, dann freuen Sie sich über den Erfolg Ihrer Freunde.* Es ist sehr einfach, Mitleid zu haben. Wenn jemand traurig und hilfsbedürftig ist, dann können Sie ihm zur Seite stehen und ihm Rat geben. Aber wenn diese Person fröhlich und erfolgreich ist – können Sie mit ihr feiern und ausgelassen sein?

Ihr Hafen

Die deutschen Worte 'Stellungnahme' und 'Standpunkt' sind sehr schön. Die Welt wandelt sich täglich. Dadurch können wir ratlos und orientierungslos werden. Sie brauchen einen Hafen, in dem Sie vor den großen Stürmen geschützt sind. Dafür brauchen Sie einen Standpunkt oder eine Stellungnahme. Viele Leute haben Angst, einen Standpunkt einzunehmen. Dann fühlen sie sich aber bodenlos (das ist auch ein schönes Wort). Z.B. wird ein Buch, das Ihnen gefällt, in den Zeitungen vernichtend kritisiert. Sie sprechen dann vielleicht auch im Sinne dieser Kritik, die in der Zeitung steht, ohne aber Ihren eigenen Standpunkt zu vertreten.
Warum haben Sie Angst davor, Ihren Standpunkt zu vertreten? Sie fürchten, dass die Leute Sie auslachen werden, wenn Sie nicht richtig liegen. Wenn Sie aber doch Recht haben, dann werden die Leute Ihnen gegenüber feindselig sein, glauben Sie. Deshalb denken Sie, es sei am besten, wenn Sie keine Meinung haben – jedenfalls keine eigene.
Wenn Sie aber keine Stellung zu dem Buch nehmen, dann verstärken Sie Ihr Gefühl von Unwürdigkeit und Angst. Sie gehen dann mit Angst und einem Selbstwertmangel durch das Leben. Sie brauchen

eine eigene Meinung, denn wenn Sie nicht die Verantwortung für sich übernehmen, dann haben Sie ein Gefühl der Hilflosigkeit. Sie weisen die Verantwortung zurück und nehmen statt dessen eine fatalistische Haltung ein. Sie glauben, alles sei vorbestimmt und Schicksalssache, und Sie wissen nicht, dass Sie selbst die Ursache Ihrer Schicksalsschläge sind. Denn Ihre Handlungen bauen Ihre Ansichten auf. Sie haben Gefühle und Ansichten. Danach handeln Sie und verstärken dadurch Ihren Glauben.

Wir alle können das Reich Gottes erfahren, denn wir sind diese göttliche Essenz. Zunächst einmal versuchen Sie nicht, sich als Opfer widriger Umstände zu beschreiben. Wenn Sie mit anderen Leuten reden, dann erzählen Sie nicht in aller Ausführlichkeit Ihre Leidensgeschichte. Erzählen Sie etwas Erfreuliches, Positives. Wenn Sie Leute neu kennen lernen, dann reden Sie normalerweise allgemeine Dinge, z.B. was Sie für einen Beruf haben, was Sie in der Freizeit machen – lauter sachliche Mitteilungen.
Sprechen Sie aber auch von Ihren Meinungen und Einstellungen. Das vermeiden Sie meist. Warum? Sie haben Angst, dass Ihre Schwächen offenbar werden. Sie haben Angst, etwas von sich preiszugeben. Wenn Sie nur über sachliche Dinge reden, sind Sie frei davon. Ein Standpunkt schützt Sie nicht automatisch vor solchen Ängsten und Zweifeln. Aber je öfter Sie Stellung beziehen – verbunden mit der Bereitschaft, zu lernen und sich zu verändern – werden Sie auch das Gefühl von Würde und Stärke entwickeln. Sie fühlen sich dann dem Leben gewachsen. Ja, das Leben ist wie ein Partner für Sie. Dann können Sie Ihre Begeisterung fließen lassen und werden so Gott in sich spüren.

Dialog

Zuhörer: Sie sagen, einen Standpunkt zu haben schütze uns vor den Stürmen des Lebens. Erfahrungsgemäß ist es aber so, dass wir am allermeisten angegriffen werden, wenn wir einen Standpunkt vertreten.

P. de Souza: Das ist richtig. Einen Standpunkt einzunehmen, bedeutet aber nicht, dass Sie fanatisch sein sollen.
Zuhörer: Was schützt mich aber davor, dass der Standpunkt nicht meine Brille ist, die ich ja eigentlich abwerfen will? Oft ist unser Glaube doch die Ursache für Konflikte.
P. de Souza: Es liegt an Ihnen, hier zu unterscheiden: Wenn ich einen Standpunkt habe, dann darf ich ihn nicht mit Gewalt auf andere übertragen wollen. Da ist die Grenze. Die Gefahr liegt nicht darin, dass jemand einen festen Standpunkt hat, sondern darin, dass manche mit Gewalt die anderen von ihrem Standpunkt überzeugen wollen. Identifizieren Sie sich bitte nicht mit der Brille (Ihrem Standpunkt). Sie sind nicht Ihr Standpunkt. Sie ändern Ihren Standpunkt, wenn neue Erfahrungen und Tatsachen es nötig machen. Das ist das Neue! Das geht aber nur, wenn Sie überhaupt einen Standpunkt vertreten.

Ihr Fundament – die ewigen Wahrheiten

Unsere Einstellungen bestehen aus Gedanken, die mit Gefühlen verbunden sind. Es gibt keinen Gedanken ohne Gefühle. Die Gedanken und Gefühle bestimmen unsere Ansichten. Wenn viele die gleichen Ansichten haben, dann nennt man das 'Zeitgeist'. Wahrheit gehört heute leider nicht zum Zeitgeist. Sie konfrontieren sich heute nicht gern mit der Realität. Lieber stimmen Sie irgendeiner Zeitung, einer berühmten Persönlichkeit oder einem Showmaster zu – auch wenn seine Ansicht mit der Wirklichkeit kollidiert.

Erst wenn Sie das ändern, kann das Prinzip der Vergebung beginnen zu wirken. Wenn Sie offen dafür sind, dass Sie Fehler machen, können Sie sich auch ändern. Dann sind Sie bereit herauszufinden, ob Ihr Standpunkt richtig ist oder nicht, ob Sie die richtige Brille haben oder nicht. Es gibt bestimmte ewige Prinzipien, die unabänderlich sind. Wenn Ihre Brille auf diesen ewigen Wahrheiten basiert, haben Sie ein gutes Fundament:

»Du sollst deinen Nächsten lieben wie dich selbst.« »Lobe die Leute, die auf dich losgehen«. (Von Herzen – nicht nur mit Worten! Suchen Sie etwas Lobenswertes an diesen Leuten!) »Ich bin Gottes Sohn«. »Ich und der Vater sind eins«. »Das Reich Gottes ist inwendig in euch«.

Das Geheimnis der Untätigkeit

Noch einmal: Wenn Sie unentschieden sind und keinen festen Standpunkt haben, dann steckt dahinter oft die Angst, ausgelacht oder angegriffen zu werden. Wenn Sie so denken, brauchen Sie viel Zeit, um sich zu entscheiden, was Sie tun sollten. Nachdem Sie sich entschieden haben, sind Sie nicht sicher, ob Ihre Entscheidung richtig war oder nicht. Und dann sind Sie von den Meinungen der anderen abhängig. Dann halten Sie die Welt für feindlich, weil Sie sich vor deren Reaktionen fürchten, falls Sie sich falsch entschieden haben. Deshalb: Zwingen Sie sich, schneller Entscheidungen zu treffen. *Der Grund, weshalb Sie nichts unternehmen, ist der Versuch, perfekt zu sein.*

Wenn Sie sich eine Arbeit vornehmen, dann fangen Sie nicht schon nach den ersten Schritten an, sich zu korrigieren, sondern machen Sie sie erst einmal vorläufig fertig. Wenn Sie eine Symphonie komponieren, dann machen Sie mindestens den ersten Satz fertig, besser noch die ganze Symphonie, bevor Sie mit den Änderungen beginnen. Sie tun Ihr Allerbestes. Das ist wichtig. Haben Sie keine Angst, Fehler zu machen. Ihr Ziel ist es, Entscheidungen zu treffen, aber nicht absolut vollkommen zu werden. Wenn Sie irren, entschuldigen Sie sich nicht! Warum? Sie verstärken bei sich die Idee der Inkompetenz, d.h. Sie greifen sich selber an. Wenn Sie sich nicht entschuldigen, dann gehen Sie davon aus, dass Irrtümer erlaubt sind.

Dialog

Zuhörer: Aber sich entschuldigen hat doch etwas mit Aufrichtigkeit zu tun. Dann stehe ich zu meinem Fehler, und es tut mir leid.

P. de Souza: Ja, das ist o.k.! Aber nur einmal! Entschuldigen Sie sich nicht ständig. Akzeptieren Sie es auch bei anderen, wenn sie sich einmal entschuldigt haben.
Zuhörer: Ich möchte noch etwas zu Ihrer Äußerung sagen, dass wir nicht immer über unsere Probleme reden sollen. Ich habe die Erfahrung gemacht, dass man sich gegenseitig helfen kann, Probleme zu lösen, wenn man darüber spricht. Wir bedauern uns dann nicht gegenseitig in unserem Leid, sondern wir versuchen uns gegenseitig zu helfen, Lösungen zu finden.
P. de Souza: Ja, dann ist es gut. Das setzt aber ein hohes Selbstwertgefühl voraus. Bei Leuten, die sich nicht entscheiden können, trifft das nicht zu. Wenn Sie sich z.B. ein Kleid kaufen wollen, fragen Sie nicht andere, sondern kaufen Sie es selbst. Übernehmen Sie selbst Verantwortung. Man soll sich gegenseitig helfen, Probleme zu lösen. Aber machen Sie auch selbst Erfahrungen. Damit verstärken Sie Ihr Gefühl, dass Sie kompetent sind und dass Sie sich auf sich selbst verlassen können. *Je öfter Sie Entscheidungen anderen überlassen, um so unfähiger werden Sie, selbst etwas zu entscheiden und zu unternehmen.* Traditionen legen Handlungsmuster fest. Später weiß man oft gar nicht mehr, warum die Handlung so festgelegt wurde. Dann sind Sie wieder in der ersten Stufe.

Erreichen Sie Ihr Ziel

Manchmal nehmen Sie sich etwas vor, vielleicht ein Gedicht zu schreiben oder ein Lied zu komponieren. Sie setzen sich hin, aber dann sehen Sie, dass erst noch das Zimmer aufgeräumt werden muss und viele andere unwichtige Dinge vorher zu erledigen sind. Sollen Sie das vorher tun? Nein! Fangen Sie mit Ihrem Vorhaben an. Geben Sie nicht auf, was Sie vorhatten! Warum? Verstärken Sie nicht das Gefühl, dass Sie unfähig sind. Ihre Handlung würde zu diesem Gefühl führen. Schreiben Sie das Gedicht, auch wenn es vielleicht abgelehnt wird. Es ist besser, etwas unvollkommen zu machen, als zu glauben, dass Sie nicht fähig sind.

Glauben Sie daran, dass Sie das Recht haben, erfolgreich zu sein und ein Ziel im Leben zu haben und es auch zu erreichen. Lassen Sie die Welt wissen, dass Sie etwas vorhaben. Falls man Sie dafür lobt, bedanken Sie sich.
Manchmal können Sie schweigen, wenn Sie glauben, dass Sie Kritik einladen. Wenn Sie deprimiert sind und Angst vor Erfolg haben, besteht nicht die Gefahr, dass die Leute neidisch auf Sie werden. Ist es Ihnen peinlich, wenn die anderen weniger erfolgreich sind als Sie? Haben Sie ein schlechtes Gefühl, reich zu sein? Warum sollten Sie im Wohlstand leben, wenn die Leute in der Dritten Welt arm sind? Aber es nützt den armen Leuten gar nichts, wenn Sie auch arm sind. Im Gegenteil! Wenn Sie Wohlstand haben, können Sie den Leuten besser helfen. Auch helfen Sie Ihren Freunden mehr, indem Sie Ihr Ziel erreichen, als wenn Sie genauso unglücklich sind wie Ihre Freunde.

Glauben Sie, dass Sie die Fähigkeit haben, Ihr Ziel zu erreichen! Durch diesen Glauben werden Sie etwas unternehmen. Was passiert dadurch mit Ihrem Glauben? Er wird sich verstärken! Oder haben Sie Angst vor Unabhängigkeit? Manche Leute glauben, dass sie nur, wenn sie krank sind, die Aufmerksamkeit der anderen bekommen werden.

> Aber wie die Leute Sie behandeln, ist weniger wichtig, als wie Sie sich selbst behandeln.

Das Orchester des Glücks

Wenn Sie sich nur als Kranker wichtig fühlen, werden Sie Angst vor Gesundheit und Leistung haben. Einige haben Angst, ein Ziel zu erreichen, weil sie nicht wissen, was sie danach machen sollen. Für eine kurze Zeit sind sie glücklich, und dann sind sie unglücklich. Manche gehen deshalb in die Höhle und verzichten darauf, Ziele zu verfolgen. Sie bleiben auf ihrem einmal erreichten Lebensstil stehen. Was ist an dieser Logik falsch?

Wenn man keine Ziele hat, kann man nicht glücklich werden. Natürlich sind Sie nicht ein ganzes Leben lang glücklich, wenn Sie ein Ziel erreicht haben. Wie wenig Glück könnten Sie empfinden, wenn Sie nur einmal etwas machen dürften. Das Leben wäre sehr langweilig. Man könnte gar nicht die vielen Möglichkeiten ausschöpfen, Glück zu empfinden. Das Glück wächst und wird immer umfangreicher, wenn man sich immer neue Ziele setzt und sie erreicht. Wenn eine Melodie nur von einem Instrument gespielt wird, klingt es nicht so schön, wie wenn ein ganzes Orchester spielt. Lernen Sie viele 'Instrumente« spielen, um einen besseren 'Klang' zu bekommen. Es ist also gut, dass wir immer wieder neue Ziele anstreben können, um immer wieder glücklich zu werden. Verschiedene Ziele schenken verschiedene Arten von Freude.

Dialog

Zuhörer: Viele alte Menschen haben sich schon lange aufgegeben. Sie tun nichts mehr und sind nur noch traurig, weil sie keinen Sinn mehr im Leben sehen. Aber die Alten, die noch aktiv sind und Interessen verfolgen, sind sehr zufrieden und fühlen sich jung.
P. de Souza: Ja, die traurigen alten Menschen rühren immer im Mitleid. Auch viele junge Menschen baden im Selbstmitleid. Sie machen widrige Umstände, die Eltern, mangelnde Ausbildung und vieles andere für ihre Misere verantwortlich. Sie sagen: »Ich kann nichts dafür, wenn ich keinen Erfolg habe.« Eine andere Melodie, die solche Leute singen, heißt: »Niemand hat so viel gelitten wie ich. Wenn ich dir von meinem Leid erzähle, ist dein Leid gar nichts. Wenn du wüsstest, was ich mitgemacht habe, dann würdest du verstehen, weshalb ich nicht erfolgreich und glücklich sein kann!«. Es stimmt, jeder hat seinen Anteil an Leid. Alles kann passieren. Deshalb haben Sie aber kein Anrecht, in Selbstmitleid zu baden.

Notfalltropfen gegen Selbstmitleid

Jedesmal, wenn Sie jammern, verstärken Sie die Gefühle, dass Sie hilflos sind. Hören Sie sofort auf mit diesem Selbstmitleid! Wie machen Sie das?

- Nicht unaufhörlich über Ihre Beschwerden klagen.
- Machen Sie nicht andere für Ihre Beschwerden verantwortlich. Andere können Sie nicht beeinflussen. Sie können aber Ihre eigenen Reaktionen ändern.
- Tun Sie, als hätten Sie diese Beschwerden nicht. Die Beschwerden sind kein Grund, die Waffen zu strecken. Es gibt andere Dinge, die Sie machen können.
- Glauben Sie, dass bei Ihnen nichts verkehrt, sondern alles in Ordnung ist.

Widerstände gegen die Freiheit

Sie wollen sich eine Arbeit vornehmen und haben vielleicht Bedenken, dass die anderen Sie auslachen werden. Machen Sie diese Arbeit trotzdem. Sie brauchen sie ja niemandem zu zeigen. Aber Sie haben Ihr Selbstwertgefühl gesteigert und können weitergehen.

Sie haben viele Ideen, was Sie machen könnten, aber immer kommt etwas dazwischen, so dass Sie Ihre Projekte nicht ausführen können. Sie müssen sich Zeit dafür einplanen, z.B. viermal in der Woche reservieren Sie sich dafür einen Termin. Selbst wenn Sie dann nur einmal in der Woche dazukommen, haben Sie nicht das Gefühl, dass Sie unfähig sind. Vielleicht sagen Sie: »Ich kann nicht nach einem Zeitplan gehen, wenn ich kreativ sein will; denn ich muss erst eine Inspiration haben.« Die Inspiration kommt bei der Arbeit. Wenn Sie nicht anfangen zu arbeiten, warten Sie auch vergeblich auf den Geistesblitz. Dann kriegen Sie auch wieder das Gefühl, dass Sie unfähig sind, und Ihr Selbstwertgefühl sinkt. Warten Sie also nicht auf den Geistesblitz, sondern arbeiten Sie!

Bevor Sie ein Projekt beginnen, fragen Sie sich: Will ich das Projekt zu Ende bringen oder glaube ich nicht daran? Wenn nein, dann lassen Sie

es. Wenn Sie sich aber eine Arbeit vorgenommen haben, dann bleiben Sie dran. Nehmen Sie sich nebenher nicht noch andere Arbeiten vor. Gehen Sie Schritt für Schritt voran. Erreichen Sie ein Ziel nach dem anderen. Sie können nicht gleichzeitig nach Berlin, New York und Tokio fahren. Verwirklichen Sie einen Traum nach dem anderen!
Wenn Sie erst einmal angefangen haben, dann bringen Sie das Projekt zu Ende, auch wenn es Ihnen nicht mehr richtig gefällt. Machen Sie weiter! Damit verstärken Sie das Gefühl, dass Sie zuverlässig und seriös sind. Wenn Sie jemand kritisiert, und es schmerzt sehr, sagen Sie »Danke schön« und geben Sie sich eine positive Selbstrede. Dann machen Sie weiter!
Wenn Sie selbst Ihre Arbeit nicht zufriedenstellend finden, kann es eine Laune sein. Ein großer Teil der Arbeit muss fertig sein, bevor Sie daran gehen, sie kritisch zu beurteilen, sie zu korrigieren oder sie aufzupolieren. Jetzt arbeiten Sie mit der Einstellung, dass Sie die Arbeit verbessern wollen. Sie verbessern sie, weil Ihre Arbeit gut ist. Wenn Sie anfangen zu korrigieren, kann Ihre kritische Haltung eskalieren und Sie könnten meinen, Ihre Arbeit sei wertlos. Das ist gefährlich. Virgil hätte sein Meisterwerk auf diese Weise beinahe weggeworfen. Nur durch einen Zufall ist es gerettet worden. Wie können Sie wissen, ob Sie in diese gefährliche Phase gekommen sind? Also schätzen Sie Ihre Arbeit.
Wenn die Arbeit fertig ist, kommt noch eine Falle: Sie zeigen es Ihren Freunden und versuchen, den Wert der Arbeit zu erhöhen, indem Sie die Arbeit vor ihnen loben. Durch Ihre Worte versuchen Sie aber, selbst Lob für Ihre Arbeit zu bekommen. Was steckt dahinter? Sie haben Angst vor Kritik, Angst vor der Meinung der anderen. Je mehr Sie Ihre Arbeit loben, um so mehr Angst bekommen Sie, dass sie nicht gut sein könnte. Lassen Sie das Werk für sich sprechen und machen Sie sich nicht vom Urteil der anderen abhängig.

Denken Sie daran: Durch Ihre Handlungen verstärken Sie die dahinterstehenden Gefühle und Einstellungen. Wenn Sie Ihre Gefühle und Einstellungen ändern wollen, dann handeln Sie anders. So vergeben Sie sich und erlangen Freiheit von zermürbenden Gefühlen.

Kapitel V

Im Licht der Lebensbejahung

Der Ozeanfrosch

Seien Sie nicht wie der Frosch im Brunnen. Es war einmal ein Frosch vom Ozean. Der machte einen Landausflug und fiel aus Versehen in einen Brunnen. Der Brunnenfrosch begrüßte ihn und wollte wissen, woher er komme. »Ich komme vom Ozean«, sagte der Gast. »Wie groß ist der Ozean?« wollte der Brunnenfrosch wissen. »Ist er so groß?«, und er machte einen Hopser, um die Größe anzudeuten. »Nein, viel größer«, sagte der Frosch vom Ozean. Da sprang der Brunnenfrosch bis zur Hälfte des Brunnens. »Ist der Ozean so groß?« »Nein«, sagte der Gast, »er ist noch viel größer«. Da sprang der Brunnenfrosch auf die andere Seite des Brunnens. »Ist er etwa so groß?«, fragte der Brunnenfrosch nun schon etwas ungehalten. »Nein, das reicht auch noch nicht«, antwortete der Ozeanfrosch. Da wurde der Brunnenfrosch böse: »Du Lügner! Wie kann etwas größer sein als mein Brunnen!«
Sie sind der Frosch in dem Brunnen; denn Sie begrenzen sich selbst. Dabei sind Sie in Wahrheit Ozeanfrösche, aber Sie bauen einen Brunnen in den Ozean. *Ihr Potential ist unendlich.* Unendliche Möglichkeiten sind in Ihnen zusammengefasst. Wie haben Sie jetzt nur den Brunnen gebaut? Wie beschränken Sie Ihr unglaubliches Potential?

Es gibt Hindernisse auf dem Weg zur Glückseligkeit. Eins davon ist die Vergangenheit. Immer schleppen Sie Ihre Vergangenheit mit sich herum und bleiben nicht in der Gegenwart. Warum verharren Sie in der Vergangenheit? Weil Ihnen die Leiden aus der Vergangenheit bekannt sind. Da gibt es kein Risiko. Aber wer weiß schon, was die Zukunft bringt? Die Ungewissheit der Zukunft erfüllt Sie mit Angst,

während die bekannten Leiden der Vergangenheit Ihnen eine Art Geborgenheit geben. Daran sind Sie gewöhnt. Das empfinden Sie als einen Vorteil. Wenn es nicht so wäre, würden Sie Ihre Leiden schon aufgegeben haben. Es ist aber einfacher, auf der Couch des Psychiaters zu liegen und von der Vergangenheit zu reden, als hier in der Gegenwart zu bleiben und der Zukunft zu begegnen. Diese beiden Wege gibt es. Sie müssen sich entscheiden.
Zwei Jäger waren auf Safari in Afrika. Von hinten kam ein Löwe, machte einen Bogen um die Männer und verschwand im Gebüsch. Da sagte der eine Jäger zum anderen: »Geh vor und sieh nach, wohin der Löwe gegangen ist. Ich gehe inzwischen zurück und sehe nach, woher er kam.«
Viele sehen in der Erziehung ihrer Eltern die Schuld für ihr eigenes Leid, das sie jetzt erfahren. Aber so können sie sich nicht von ihren jetzigen Problemen befreien. Wenn sie aber einsehen, dass es ihnen jetzt offensteht, ihr Leben so zu gestalten, wie sie es möchten, können sie anfangen, etwas zu verändern.

Das Selbstimage

Dr. Maltz, ein berühmter Schönheitschirurg, erkannte die Bedeutung des Selbstimage. Einmal hatte er ein hübsches Mädchen operiert, das eine hässliche Narbe im Gesicht hatte von einer Verbrennung. Die Operation war ihm gut gelungen, und das Mädchen sah wieder sehr schön aus. Aber die junge Dame war nicht zufrieden. Sie fühlte sich noch immer hässlich. Da erkannte der Arzt, dass es nicht genug ist, die äußere Narbe zu heilen, sondern die Kosmetik muss auch *im* Kopf, an Ihrem Selbstimage durchgeführt werden. Wenn Sie glauben, dass Sie schön sind, werden Sie sich entsprechend verhalten. Wenn Sie sich für hässlich halten, dann verhalten Sie sich auch entsprechend und so entsteht oder verstärkt sich dann auch das Gefühl. Jeder hat ein Selbstimage, ein Bild von dem, was er ist, ob er z.B. ein guter Mensch ist mit Zuversicht oder ein Nichtsnutz. Und er wird sich nach diesem Selbstimage verhalten. *Erst wenn Sie Ihr Selbstimage korrigieren, sehen Sie alles richtig, und Sie können einen Sinn im Leben haben.*

Dialog

Zuhörer: Mir geht es oft so, dass ich weiß, wie ich mich richtig verhalten müsste. Aber trotzdem gelingt es mir nicht. Wie kann man das auflösen?

P. de Souza: Es gelingt nicht, weil der Kopf noch anders programmiert ist. Sie wissen, wie Sie etwas besser machen sollten, aber die bisherigen Gedanken, die bisherigen Programmierungen sind stärker. Erst wenn Sie Ihr Selbstimage durch eine neue Programmierung geändert haben, kann das neue Verhalten integriert werden. In einem Wort: Sie müssen den einengenden alten Gedanken entsagen. Zwei Aspekte sind dabei zu beachten: Erstens, welchen Gedanken Sie entsagen und zweitens, mit welchen neuen Affirmationen Sie Ihren Geist füttern sollten.

Zuhörer: Es geht also nicht alleine über das Bewusstsein? Dass man sich den Fehler bewusst macht, reicht offenbar nicht?

P. de Souza: So ist es; denn die alten Gedanken steuern Sie noch. Auch wenn Sie schon wissen, wo das Problem liegt, ist das alte Selbstimage noch wirksam. Entfernen Sie die falschen Gedanken aus Ihrem Speicher. Dazu müssen Sie jedoch wissen, welche Gedanken falsch sind. Es ist unser Ziel, diese falschen Gedanken zu identifizieren und sie durch neue Gedanken zu ersetzen. Schließlich ist es nicht genug, nur die alten, negativen Gedanken zu identifizieren. Sie müssen auch wissen, wodurch sie ersetzt werden können. Sie können Ihren Kopf nicht einfach leer machen, sonst kommen irgendwelche anderen Gedanken herein. *Füllen Sie Ihren Kopf mit guten Gedanken.* Mit Ihren alten Gedanken haben Sie sich unfreiwillig und unbewusst programmiert. Jetzt haben Sie Ihre Fehler erkannt und setzen sich dafür ein, sie zu vermeiden. Aber unbewusst verfallen sie immer wieder in die gleichen Fehler, weil die alten Programme noch nicht gelöscht sind. Aber jetzt können Sie sich bewusst umprogrammieren.

Aus dem Bauch

Gott unterstützt nur, was gut, edel und erhaben ist. Gott unterstützt das Böse nicht. Zwar scheint das nicht so zu sein. Die Bösen haben anscheinend Erfolg. Trotzdem bleibt es eine ewige Wahrheit: Gott unterstützt nur das Gute. Das ist nicht einfach ein frommer Satz, sondern es ist ein kosmisches Gesetz! Deshalb ist es so wichtig, dass Sie Ihren Geist mit erhabenen Gedanken füllen. Der intellektuelle Fortschritt ist das Ergebnis von jenen Gedanken, die nach Wissen und nach dem Guten, Wahren und Schönen gestrebt haben. Ein Suchender sollte sich um das Gute, Wahre und Schöne bemühen. Streben Sie nach Wissen über diese Welt. Füllen Sie Ihren Geist mit diesen Dingen. Die spirituelle Entwicklung geht voran, wenn Sie mehr nach hochwertigen Gedanken streben, wenn Sie bereit sind, Ihre niedrigen Gedanken zu opfern. Wir wollen uns nur mit den höchsten spirituellen Gedanken befreunden. Dafür füllen wir unseren Intellekt mit gutem Wissen.

Sicher haben Sie auch schon die Auffassung gehört, dass spirituelle Leute nicht intellektuell sein sollten. »Das ist zu intellektuell, was Sie sagen!« Haben Sie das nicht auch schon gehört? Das heißt, Sie sollen mehr vom Bauch her reden. Das Gehirn ist dann ausgeschaltet. So macht es jeder Papagei. Natürlich sollen Sie vom Herzen her reden. Aber das Herz ist nicht vom Gehirn getrennt.

> Kopf und Herz sind eins. Ohne Gehirn können Sie nicht arbeiten, nicht planen und organisieren. Das Herz fühlt entsprechend den Gedanken, die vom Gehirn kommen. Benutzen Sie deshalb auch Ihr Gehirn.

Dialog

Zuhörer: Aber Christus sagte, wir sollen geistig arm werden.
P. de Souza: Er meinte, geistig arm an negativen Gedanken. Also nicht überheblich, sondern reich an positiven Gedanken. Hier ist eine Frage: Herr S. sagt zu Ihnen: »Sie sind zu intellektuell. Sie müssen mehr vom Bauch her reden!« Was können Sie sagen?
Zuhörer: Wie kann unsere Herz unabhängig von unserem Geist sprechen? In unserem Körper ist alles immer voneinander abhängig und arbeitet miteinander. So hängt auch unser Herz von unserem Kopf ab und umgekehrt.
P. de Souza: Das ist richtig; denn das Herz wird von den Gedanken gesteuert. Es gibt eine Verbindung zwischen Gedanken und Herz. Die Gedanken steuern die Gefühle.
Herr S. ist noch nicht überzeugt. Er meint, dass man dem Herzen mehr Raum lassen sollte.
Zuhörer: Wenn ich aber meiner Wut freien Lauf lasse, dann ist das auch nicht überlegt, sondern es kommt von meinem Herzen.
P. de Souza: Genau. Ob er das gut finden wird? Wenn ich solche negativen Gefühle habe, woher kommen sie, wenn nicht vom Herzen? Ist es das, was er meint, wenn er fordert, dass ich vom Herzen her reden und meinen Gefühlen Ausdruck geben sollte? Oder wenn ich das Gefühl habe, dass ich ihn schlagen will, soll ich es tun?
Was der Mann mit »Herzen« tatsächlich meint, ist Liebe. Aber Liebe erfordert Bewusstheit, d.h. es ist notwendig, die Gedanken dafür einzuschalten. Denken Sie an den Bär, der die Fische aus Liebe vor dem Ertrinken retten wollte. Benutzen Sie die richtigen Gedanken, also die positiven Gedanken. Dann können in Ihrem Herzen auch Gefühle der Liebe entstehen. Dann wird es schön, wenn Sie vom Herzen her reden. Aber benutzen Sie Ihren Kopf dazu.

Geben – um zu empfangen

Es gibt zwei Richtungen, in die wir uns bewegen können. Die eine Richtung sagt: »Die anderen sollen sich mir gegenüber so verhalten, wie ich es will.« Die andere Richtung sagt: »Ich verhalte mich anderen gegenüber zuerst so, wie ich es mir wünsche, dass sie sich mir gegenüber verhalten sollen.«

Der Mann sagt: »Meine Frau soll liebevoller sein«, aber er fragt nicht, was die Frau will. Der Mitarbeiter sagt: »Mein Chef soll vernünftiger sein«, aber er fragt nicht, was der Chef von ihm will. Die Kinder sagen: »Meine Eltern sollen mich alles selbst entscheiden lassen«, aber die Kinder fragen nicht, was die Eltern wollen. Die Schüler sagen: »Der Lehrer soll mir eine 1 geben«, aber sie fragen nicht, was der Lehrer will. Und das ist der Fehler, den wir machen. Wir stellen Bedingungen an die anderen und haben unsere Erwartungen, was die anderen tun sollten, um uns glücklich zu machen. Die anderen sollen uns lieben. Diese Erwartungshaltung an den anderen ist der Fehler, den wir machen. Immer sollen die anderen auf unsere Wünsche eingehen. Wenn die anderen das nicht tun, dann sind wir sauer. Die Frau wird kalt dem Mann gegenüber, oder sie bestraft ihn durch Schweigen, weil er ihre Wünsche nicht erfüllt. Deshalb gibt es so viele Scheidungen, so viele Wechsel der Arbeitsstelle, so viel Unzufriedenheit usw. – weil Sie versuchen, andere zu manipulieren. *Ich spreche von Geben und nicht von Empfangen. Geben Sie den anderen, was die anderen wollen, und dann geben die anderen Ihnen, was Sie wollen.*

Sie haben Ihre Negativitäten. Ihre Waffen bestehen aus Hass, Erwartungen, Neid, Angst, Rache. Damit machen Sie Krieg. Virgil sagte: »Wut liefert die Waffen.« Wenn keine Waffen vorhanden sind, greift die Wut zu Stöcken, Pflastersteinen oder Intrigen und schafft sich so ihre Waffen selbst. Es sind unsere negativen Gedanken (Wut, Zorn usw.), bei denen die Abrüstung beginnen sollte.

Erster

Wenn Sie alle Probleme lösen wollen, müssen Sie nur die Richtung Ihres Denkens ändern: *Geben Sie den Leuten, was sie gerne haben wollen.* Es ist nur ein Haken dabei: *Geben Sie zuerst!* Machen Sie den Anfang und geben Sie den Menschen zuerst, was die Menschen wollen. Aber Sie sagen: »Warum gerade ich? Warum soll ich den Anfang machen? Der andere soll anfangen!« Das ist die Tragödie dieser Welt. Jeder sagt: »Der andere soll anfangen!« Der Mann sagt: »Ich würde meiner Frau Pralinen schenken, wenn sie ein bisschen wärmer wäre«. Die Kinder sagen: »Ich würde meine Eltern mehr lieben, wenn sie mir mehr Freiheit gegeben hätten«. Der Lehrer sagt: »Ich würde meine Schüler höher schätzen, wenn sie ihre Hausaufgaben sorgfältiger machen würden.« Jeder sagt: »Wenn der andere freundlicher wäre, dann wäre ich auch freundlicher«. Es ist jedoch falsch, die Vorleistung von den anderen zu erwarten. Fangen Sie an. Bringen Sie Ihrer Frau zuerst Pralinen, auch wenn sie nicht warmherzig ist. Aber – mirabile dictu – sie wird warmherzig werden. Haben Sie Vertrauen in Ihre Kinder, dann werden sie Ihr Vertrauen rechtfertigen. Erwarten Sie, dass die Schüler intelligent sind, dann werden sie gute Leistungen bringen.
Es waren einmal einige Schüler, die wurden wegen ihrer besonders schlechten Leistungen in eine andere Schule gebracht. Den neuen Lehrern sagte man aber, sie seien die intelligentesten Schüler ihrer Schule gewesen. Die Lehrer stellten sich darauf ein, dass sie es mit besonders begabten Schülern zu tun hatten. Und tatsächlich schrieben die Schüler nur noch Einsen und Zweien.

> Wenn Sie erwarten, dass die Kinder klug sind, dann sind sie es auch. Wenn Sie erwarten, dass Sie erfolgreich werden, dann werden Sie es auch. Warum? Weil Sie dann anfangen, entsprechend zu handeln.

Dann geben Sie den Kindern Vertrauen und Unterstützung, die Sie sonst zurückgehalten hätten. Denn dann geben Sie sich selbst Achtung und Liebe, die Sie sich sonst verweigert hätten.

Jeder wünscht sich Liebe

Vielleicht wissen Sie nicht, was die anderen brauchen. Woher könnten Sie das auch wissen? Ganz sicher wissen Sie aber, was Sie selbst wollen, nicht wahr? Sie könnten nun vermuten, dass die anderen auch das wollen, was Sie wollen.

Dialog

P. de Souza: Ist das logisch gedacht?
Zuhörer: Ja, denn psychisch wollen alle dasselbe wie wir selbst. Nur in den äußeren Wünschen unterscheiden wir uns, ob einer auf den Gipfel steigen oder lieber schwimmen gehen will.
Zuhörer: Also ich weiß, dass ich Liebe will. So kann ich davon ausgehen, dass der andere auch Liebe will.
P. de Souza: Das ist es! Was wollen Sie haben? Denken Sie daran, als Sie in der Schule waren. Sie wollten von Ihren Kameraden Anerkennung. Wenn Sie nicht anerkannt wurden, dann waren Sie traurig. Und Sie waren bereit, alles zu tun, was die Kameraden wollten, um von ihnen Anerkennung zu bekommen. Wenn der Lehrer Sie gelobt hat, wurden Sie gleich einen Meter größer. Wenn der Lehrer mit Ihnen geschimpft hat, haben Sie sich in sich verkrochen und sind ganz klein geworden.
Wie können Sie Ihre Kinder liebevoll machen? Indem Sie es ihnen vorleben und selbst liebevoll sind. Aber es ist einfacher, erhaben und unbeteiligt auf dem Nagelbett zu liegen (zu meditieren) oder auszuflippen und zu toben, wenn die Kinder Fehler machen.
Zuhörer: »Ich kann meinen Kindern sagen, was ich will. Sie machen doch immer nur das, was ich tue.«
P. de Souza: Genau. Die Kinder tun, was Sie tun, und nicht, was Sie sagen. Wenn Ihre Kinder unartig und unmöglich sind, dann sind Sie womöglich selbst unartig und unmöglich. Die Kinder sind Ihr Spiegelbild. Wenn Sie fleißige Kinder haben wollen, seien Sie selbst fleißig.

Liebe ist die Nahrung für die Seele. Nicht nur unser Körper und unser Geist brauchen Nahrung – wir müssen auch unsere Seele ernähren. Liebe macht uns erhaben. Durch Liebe wachsen wir und kommen nahe zu Gott. Mit Groll welken wir. Unser Wunsch ist, Liebe in die Welt zu bringen und Groll durch Liebe zu ersetzen. Man sagt, Groll und Wut seien echt. Ich frage Sie: Ist Liebe nicht echt? Oder ist Liebe heuchlerisch und nur Hass echt?

> Sie sind nur dann echt, wenn Sie Liebe zeigen – selbst wenn es heuchlerisch ist! Es ist trotzdem echt. Und Ihr Hass, auch wenn er echt ist, ist nicht Ihre wahre Natur, sondern Maya.

Der Hass ist falsch. Liebe, auch wenn sie 'falsch' ist, ist immer echt, wenn Sie nicht die Absicht haben, anderen zu schaden. Auch wenn Sie nur so tun, als seien Sie liebevoll, dann sind Sie echt, dann sind Sie mit Gott unterwegs. Das ist der erste Schritt. Sie verstärken Ihre Energie in Richtung Liebe. Sie versuchen, sich Liebe anzueignen. Sie verweigern sich damit dem Groll und der Wut. Viele Leute sagen, sie müssten nach ihren Gefühlen gehen und sie ausleben. Das Ergebnis ist, dass sie ein Leben lang voll Hass sind und sich nicht davon befreien können.

Dialog

Zuhörer: Was ist aber, wenn ich die Gedanken, die ich denke, nicht lebe, dann passen ja auch die Emotionen nicht dazu.
P. de Souza: Wenn Sie tun, als wären Sie liebevoll, dann werden Sie es mit der Zeit auch. Sie haben durch Ihr neues Verhalten und Ihre neuen Gedanken Ihr Programm geändert. Wenn Sie tun, als wären Sie glücklich, dann werden Sie mit der Zeit tatsächlich glücklich. Sie haben Ihren Geist durch Gedanken programmiert. Ihre Gedanken haben die negativen Emotionen hervorgerufen. Jetzt können Sie die negativen Gedanken durch positive ersetzen. Dann werden Ihre Gefühle mit der Zeit auch positiver.

Zuhörer: Es passiert aber häufig, dass man gibt und gibt. Und dann kommt die Erwartung, dass auch mal was zurückkommt.

P. de Souza: Man sagt: »Undank ist der Welt Lohn. Ich bin soooo gut, und alle Leute gehen los auf mich.« Die meisten Leute gehen nicht deshalb auf Sie los, weil Sie gut sind, sondern weil Sie auf sie losgegangen sind. Das ist das Gesetz. Die Leute sind wütend auf Sie, weil Sie die Leute aggressiv behandelt haben. Die Leute sind neidisch auf Sie, nicht, weil Sie gut sind, sondern weil Sie neidisch auf die Leute sind. Helfen Sie anderen, glücklich zu sein oder Geld zu verdienen und reich zu werden. Helfen Sie anderen! Mit der Zeit wird sich die Situation ändern, denn Sie ändern sich. Wenn Sie merken, dass Sie in einen falschen Zug gestiegen sind, ziehen Sie auch nicht die Notbremse, sondern warten bis zum nächsten Bahnhof, um umzusteigen.

Zuhörer: Ich habe noch eine Frage: Im Beruf und auch in der Familie muss man oft mit Menschen auskommen, die negativ sind und von denen man angegriffen wird. Hat man die dann immer angezogen nach dem Gesetz »Gleiches zieht Gleiches an«?

P. de Souza: Nein, nicht immer. Wenn jemand mich angreift, dann bedeutet das nicht unbedingt, dass ich das verdient habe. Es ist nicht Karma. Ich habe immer einen freien Willen. Ich kann Liebe aussenden, oder ich kann mich für ein Opfer halten. Tappen Sie nicht in diese Falle des Nego. Es ist wichtig, dass Sie sich von dieser Opfermentalität freimachen. Im Allgemeinen haben wir alles in unserer Hand und können einen starken Einfluss auf die Situation ausüben, indem wir unsere Interpretationen freundlich gestalten. Wenn wir aber Gewalt ausüben, tun wir es vor allem mit uns selbst – durch unsere Gedanken. Wir schaden damit vor allem uns selbst. Aber unsere Gedanken können wir kontrollieren. Wird dieses Gesetz ungültig, weil es Menschen gibt, die Sie angreifen und beleidigen, obwohl Sie freundlich zu Ihnen waren? Nein! Sie brauchen sich nicht betroffen zu fühlen! Sie dürfen die Beleidigungen nicht abkaufen. Es gibt z.B. Leute, die Sie als Nichtsnutz betrachten. Das ist deren Entscheidung. Sie aber betrachten sich als Gottes Kind. Das ändert alles.

Zuhörer: Es kommt doch vor, dass jemand schlechte Laune hat. Dann läuft man ihm zufällig über den Weg, und schon kriegt man es ab.
P. de Souza: Aber wenn Sie Liebe zeigen, kann der Hass überwunden werden. Wut, Zorn, Groll oder Angst können durch Liebe überwunden werden. Hass kann nur mehr Hass erzeugen. Aber Liebe kann Hass neutralisieren.

Wir alle haben Hunger nach Liebe. Wenn Sie einkaufen gehen, und die Verkäuferin lächelt, was passiert dann? Sie lächeln zurück. Liebe ist eine Rarität. Sie ist vom Aussterben bedroht. Lassen Sie sie uns schützen. Wut, Groll, Schuldgefühle und Ängste sind die größte Umweltverschmutzung. Aber man denkt nur an den materiellen Schmutz. Das ist genau wie bei der Entsagung. Da heißt es, man solle seinem materiellen Besitz entsagen, dabei sind die negativen Gedanken wie Groll usw. gemeint. Beenden Sie die Umweltverschmutzung in Ihrem Geist. Retten Sie die positiven Gedanken und die positiven Emotionen, die vom Aussterben bedroht sind. Zeigen Sie selbst zuerst Liebe. Wenn Sie dem Nächsten Liebe zeigen, dann kommt sie von ihm zurück. Wenn Sie aber den anderen keine Liebe zeigen, weil Sie erwarten, dass die anderen damit beginnen sollen, das ist verkehrt, das klappt nicht. Sie versuchen dann, die anderen zu manipulieren. Wenn es nicht klappt, werden Sie wütend.

Die Lösung ist sehr einfach. *Geben Sie dem Partner ZUERST, was er will. Dann wird er Ihnen geben, was Sie wollen.* Das ist das ewige Gesetz, die ewige Wahrheit. Christus sagte: »Alles nun, was ihr wollt, dass euch die Leute tun sollen, das tut ihr ihnen auch!« Und die anderen werden Sie lieben, wie sie sich selbst lieben. Damit wird alles ganz anders. Denn es gibt nur zwei Richtungen. Bisher haben Sie nur die falsche Richtung beachtet, d.h. die anderen sollten Sie zuerst lieben. Jetzt folgen wir der zweiten Richtung, d.h. wir geben die Liebe den anderen zuerst! Ich helfe den anderen bei der Erfüllung ihrer legitimen Wünsche. Ich zuerst! Und nicht erwarten, dass die anderen mir helfen bei der Erfüllung meiner Wünsche.

Die Sonne und der Schatten

Sie schaffen das, wenn Sie anfangen, sich selbst zu lieben. Wenn Sie sich selbst hassen, können Sie andere nicht lieben. Aber Sie sagen: »Ich bin nicht intelligent, ich bin hässlich, ich bin nicht liebenswert.« Das ist Ihr inneres Programm, das laufend spielt. Ändern Sie dieses Programm! Wenn Sie sagen: »Ich bin wertlos«, dann wird diese Affirmation erfüllt werden – von Ihnen selbst, denn Sie benehmen sich nach diesem Glauben. Wenn Sie sagen: »Ich bin schön, ich bin intelligent«, dann werden Sie schön und intelligent sein. Deshalb loben Sie sich! Schauen Sie in den Spiegel und sagen Sie: »Ich liebe dich. Du kannst dich auf mich verlassen!« Machen Sie keine Kritik! Oder wollen Sie Ihr Posego überwinden, anstatt Ihres Negos, indem Sie ihm sagen: »Du bist blöd!«? Da fühlt sich das Nego wohl!

Alles, was Sie tun, ist Ego. Aber wenn Sie liebevoll handeln, dann ist Ihr Ego positiv. Wenn Sie hingegen aus Angst oder Groll handeln, dann ist Ihr Ego negativ. Leider benutzen wir das gleiche Wort für beide Arten von Ego. Manchmal meinen wir das negative Ego, manchmal meinen wir das positive Ego. Wenn ich Ihnen sage: »Schauen Sie in den Spiegel und loben Sie sich: 'Ich bin der Größte!'«, dann bauen Sie an Ihrem positiven Ego. Ich kann mich für den Größten halten, so lange ich Sie nicht verletze.

> Manchmal werden Sie auch das negative Ego aufbauen. Sehen Sie sich das nach. Wichtig ist nur, dass Sie insgesamt mehr Energie ihrem positiven Ego geben als Ihrem negativen Ego.

Wenn es mehr Licht gibt als Schatten, dann ist es in Ordnung. Das Licht hat keine Angst vor dem Schatten. Es ist völlig in Ordnung, wenn es ein bisschen Schatten gibt. Versuchen Sie nicht, den Schatten ganz zu entfernen. Genießen Sie statt dessen das Licht des Lebens. Fliehen Sie nicht vor den Schatten des Lebens, *sondern* lassen Sie sich von ihnen nicht bestimmen.

Liebe deinen Nächsten zuerst wie er dich lieben soll

Wenn das positive Ego da ist, dann verschwindet das negative Ego ganz von selbst. Haben Sie also keine Angst vor dem negativen Ego. Bauen Sie Ihr positives Ego auf. Positives Ego ist Liebe und Einsicht Ein weiser Mensch hat positives Ego. »Das Ego soll vernichtet werden«, steht in den Heiligen Schriften. Damit ist aber immer nur das negative Ego gemeint. Das positive Ego dagegen muss sogar verstärkt werden.

Wenn Sie Hunger nach Liebe haben, dann können Sie daraus schließen, dass die anderen auch diesen Hunger haben. Deshalb können Sie sich sehr genau vorstellen, wie die anderen sich fühlen. Sie kennen Ihre eigenen Gefühle und können vermuten, dass die anderen ähnliche Gefühle haben. Dort können Sie ansetzen. Sie wissen: »Ich brauche Liebe. Ich freue mich, wenn die anderen tun, was ich mir von ihnen wünsche.« Daraus können Sie schließen, dass sich die anderen auch freuen, wenn Sie ihnen ihre Wünsche erfüllen, wenn Sie sie lieben. Und tatsächlich ist es so! Das Gesetz sagt allerdings, dass Sie zuerst mit der Liebe anfangen müssen. Das ist der Haken. Wenn Sie das Gesetz richtig benutzen, können Sie Ihr ganzes Leben und die ganze Welt verändern! Es gibt dann eine ganz andere Sichtweise.

Alles, was ich eben gesagt habe, hat schon Christus gesagt: »Du sollst deinen Nächsten lieben wie dich selbst.« Es gibt nichts Wichtigeres in dieser Welt zu praktizieren, als dieses von Christus hervorgehobene Gesetz: »Du sollst deinen Nächsten lieben wie dich selbst.« Das ist der Weg, über den wir die ganze Zeit sprechen, nämlich das negative Ego zu überwinden. Es wehrt sich und denkt insgeheim: »Zweifellos gibt es andere Wege.« Denn es ist nicht einfach, dem negativen Ego zu entsagen.

Aber fangen Sie trotzdem damit an! Ich hoffe, dass Sie damit anfangen werden, liebevoll zu sein. Sie werden merken, dass die anderen dann auch liebevoll sind. Die anderen werden nicht mehr auf Sie losgehen. Das kann nicht sein, dass Sie liebevoll sind und die anderen gehen los auf Sie.

Dialog

Zuhörer: Und selbst wenn jemand angreift – weiterhin liebevoll sein?
P. de Souza: Weiter liebevoll sein! Denn Sie entscheiden sich, liebevoll und glücklich zu sein. Lassen Sie sich nicht von anderen beeinflussen! Ihre Gedanken sind Ihre Gedanken! Glückseligkeit ist Ihre Glückseligkeit! Ihre Entscheidung ist wichtig, um glücklich zu werden. Sie entscheiden sich, stark zu sein!
Lassen Sie sich von niemandem davon abbringen! Aber seien Sie nicht nur blind liebevoll! Überlegen Sie, was der andere sich zum Glücklichsein wünscht.

'Ich' und 'Du'

Dazu ist es außerdem wichtig, die anderen nicht klein zu machen. Was passiert, wenn Sie Kritik üben? Sie kritisieren sich selber. Wenn Sie sagen: »Du Idiot!«, dann sind Sie selber einer. Was Sie sagen ist wie eine Programmierung. Das wird erfüllt werden. Wenn Sie sagen: »Ich bin ein Idiot!«, werden Sie ein Idiot werden. Wenn Sie sagen: »Ich bin intelligent«, werden Sie intelligent werden. Das gilt auch, wenn Sie sagen: »Du bist intelligent« oder »Du bist ein Idiot«. Das zielt auch auf Sie selbst. Der Geist unterscheidet in diesem Falle nicht zwischen 'du' und 'ich'. Nicht das Opfer ist der 'Idiot', sondern Sie selbst.

Deshalb beten wir zu Gott: »Oh Herr, Du bist allmächtig, Du bist allwissend, Du bist barmherzig!« Was bedeutet das? »Ich bin barmherzig, ich bin allwissend, ich bin allmächtig, ich bin gut.« Gott braucht Ihr Lob nicht. Aber Sie nehmen diese Schwingungen auf und sind nah bei Gott. Beten Sie deshalb weiter so und loben Sie Gott, denn Sie gewinnen so Vertrauen zu sich selbst.

Diktiert – aber nicht korrigiert

Kritisieren Sie weder sich selbst, noch die anderen! Denken Sie daran: Selbst der größte Gangster in der Welt hält sich für einen guten Menschen. Niemand glaubt von sich, er sei schlecht.
Und es nützt auch nichts, Kritik zu üben. Wir versuchen, den anderen dadurch tugendhaft zu machen. Das gelingt nie – im Gegenteil. Die anderen werden nie durch Kritik tugendhaft werden. Die Kinder werden durch Kritik nie artig werden – im Gegenteil. Sie werden rebellieren. Kritik macht alle bitter.

Dale Carnegie hatte einmal einen Brief bekommen. Am Ende stand: »Diktiert, aber nicht gelesen«. Der Absender war ein großer Mann, der den Brief diktiert, aber nicht noch einmal durchgelesen hatte. Dale Carnegie schrieb daraufhin auch einen Brief (er war jung und noch nicht berühmt) und schrieb auch darunter: »Diktiert, aber nicht nachgelesen«. Der Empfänger war sehr böse auf Dale Carnegie. Der lernte dadurch, dass man sich nur Feinde schafft, wenn man Kritik übt. Denn der Empfänger des Briefes wurde sein größter Gegner. Wenn Sie Honig sammeln wollen, dürfen Sie nicht gegen den Bienenstock stoßen. Sonst kriegen Sie Bienenstiche statt Honig. Versuchen Sie, im Leben Honig zu sammeln, nicht Bienenstiche.

Dialog

P. de Souza: Wie sammelt man Honig?
Zuhörer: Indem man Honig austeilt.
P. de Souza: Ja, seien Sie liebevoll, dann sammeln Sie auch Honig.
Zuhörer: Wenn man aber dreimal liebevoll ist, und das vierte Mal vom anderen immer noch nichts kommt, dann hat man schon das Gefühl, Bienenstiche zu bekommen.
P. de Souza: Honig sammeln geht nicht, ohne das Risiko, Bienenstiche zu bekommen. Gehen Sie nur nach dem Gesetz. Sie können nicht nur Honig sammeln.

Zuhörer: Da ist das Nego auf dem Schleichweg zurückgekommen.

P. de Souza: Ja. Wenn Sie liebevoll sind, wird es nach dem Gesetz so sein, dass die Menschen entgegenkommend sind. Vielleicht gibt es ein paar hartnäckige Fälle. Aber lassen Sie sich davon nicht entmutigen. Programmieren Sie sich um und seien Sie liebevoll. Das ist einfach, aber es scheint schwierig zu sein. Noch ist Ihr Programm negativ. Wenn ein hartnäckiger Fall kommt, denken Sie: »Siehst du, wie gehabt!« Das ist das negative Ego. Sie können sich aber auch umprogrammieren und sagen: »Alle sind liebevoll.« *Wenn Ihnen nun jemand liebevoll entgegenkommt, dann sagen Sie: »Siehst du, ich habe es ja gewusst!« So können Sie umdenken.* Zählen Sie die 90% Ihrer positiven Erfahrungen auf, nicht die 10% Ihrer hartnäckigen Fälle. Das sagte Dale Carnegie. Schauen Sie nicht auf die Dornen, sondern konzentrieren Sie sich auf die Rosen. Als Dornröschen schlief, haben fast alle Prinzen nur die Dornen gesehen. Aber ein Prinz hat nur die Rosen gesehen. Deshalb fand er den Weg zu der Prinzessin.

Der Blick des Adlers

Viele Beziehungen zerbrechen daran, weil immer gemeckert und kritisiert wird. Warum ist das so? Die Köpfe sind voll mit Kleinkram. Wenn sie mit den Gedanken von Homer, von Goethe oder von Shakespeare angefüllt wären, dann würde das nicht passieren. Ein Adler fängt keine Fliegen. Warum tut er das nicht? Weil Fliegen ihn nicht interessieren. Die kleinlichen Streitereien mit dem Ehepartner sind die Fliegen. Deshalb: Streiten Sie nicht mit Ihrem Partner! Denn Sie sind ein Adler! Und wie können Sie sich in einen Adler verwandeln? Indem Sie Ihren Kopf mit guten Gedanken füllen.

Glaubenssatz

Wenn Sie Sport treiben, dann müssen Sie bestimmte Regeln beachten. Auch bei Spielen gibt es bestimmte Regeln. Das Leben ist auch ein Spiel, und es gibt Regeln.
Das Leben hat Gesetze. Diese Gesetze sind zuverlässig. Wenn Sie einen Ball loslassen, dann fällt er auf den Boden. Das tut er immer. Die Gesetze gelten für alle, egal ob Sie jung oder alt, ob Sie Mann oder Frau sind. Die Energie, die das Universum durchdringt, ist neutral. Diese Energie hat jedermann, und sie wird von uns Menschen gelenkt.

Im Leben gibt es ein ewiges Gesetz. Das ist das Gesetz der Kausalität. Alles, was wird, hat eine Ursache.

Ob Sie glücklich sind oder nicht, hängt von Ihren Glaubenssätzen ab. Der Glaube ist die Ursache für Ihre Stimmung. Glaube wirkt bei jedem Menschen gleich – wie der Sonnenschein. Der Sonnenschein scheint auf Sie, egal ob Sie klug oder dumm sind. Er bescheint jedermann. Es ist nicht die Schuld der Sonne, wenn Sie von ihr weg gehen und unter einem Baum sitzen.

Dialog

P. de Souza: Jetzt fragen Sie: Warum leiden gute Leute?
Zuhörer: Weil sie das Kausalgesetz nicht verstanden haben.
P. de Souza: Ja. Das Kausalgesetz ist neutral. Die Gravitation ist nicht gegen Sie. Wenn Sie Ihr Meißner Porzellan aus dem Fenster werfen, dann geht es kaputt. Das ist das Gesetz. Es ist nicht gegen Ihr Meißner Porzellan.
Wenn Sie unglücklich sind, dann gibt es Gründe dafür. Sie haben das Kausalgesetz nicht beachtet.

Fass oder Tasse?

Die Energie fließt überall. Sie macht unser Leben glücklich, wenn wir es verstehen, davon etwas zu nehmen. Die Energie ist wie ein Fluss. Sie können mit einer Tasse aus dem Fluss schöpfen oder mit einem Fass. Der Fluss hat nichts gegen Sie. Er ist für alle da. Sie aber schöpfen daraus nur mit einer Tasse. Und dann sind Sie traurig, weil Sie angeblich so ein Pech haben, dass Sie nur eine Tasse voll vom Schicksal abbekommen. Die anderen sind so glücklich, weil sie Fässer voll bekommen haben. Haben die anderen ein größeres Potential als Sie? Nein, das Potential ist gleich. Niemand ist bevorzugt. Aber Sie gehen zu Gott mit einer Tasse und bekommen deshalb nur eine Tasse voll Energie. Die Tasse ist Ihre Beschränkung. Die Tasse stellen Sie selber her. Aber Sie können genausogut ein Fass herstellen.

Was sind diese Behälter, die Sie selbst herstellen? Es sind Ihre Glaubenssätze. Alle Ihre Erfahrungen sind Bestandteile Ihres Glaubens. Ihre Glaubenssätze sind wie Samen. Wenn Sie Bohnen säen, kriegen Sie Bohnen und nicht Spargel. Unsere Einstellungen sind durch bestimmte Erfahrungen und Erlebnisse geformt worden. Diese Erfahrungen bestimmen unseren Glauben. In allen Bereichen haben wir einen Glauben, z.B. über Politik, über Gesundheit, über Kindererziehung, über Religion. *Viele dieser Glauben sind nicht wahr. Für Sie aber sind sie wahr! Ihre falschen Glauben machen Sie unglücklich. Wenn Sie glücklich werden wollen, müssen Sie sie ändern.* Das Problem ist: Wie kann man sie ändern?

Reflexion

Einen falschen Glauben erkennen Sie daran, dass Sie unglücklich sind. Heißt das, dass Sie ihn aufgeben werden, wenn Ihnen jemand den richtigen Glauben vermittelt? Leider ist das nicht so einfach. Sie werden verbissen um Ihren Glauben kämpfen. Sie haben Angst, etwas zu verändern. Sie identifizieren sich mit Ihrem Glauben.
Wenn wir Probleme haben und unglücklich sind, beschuldigen wir

entweder andere oder uns selbst. Wenn die Kinder nicht artig sind, halten Sie sich für eine schlechte Mutter. Wenn seine Frau unglücklich ist, glaubt der Mann, er sei schuld daran. *Wie es falsch ist, sich selbst zu beschuldigen, so ist es auch falsch, andere zu beschuldigen.* Dann suchen wir den berühmten Sündenbock. Sehr oft müssen dafür die Eltern herhalten. Dann machen Sie eine Therapie und werden in Ihren Vorwürfen, die Sie anderen gegenüber haben, bestätigt. Frauen z.B. geben dann weiterhin den Männern die Schuld, dass sie sie unglücklich machen. Was aber macht uns in Wahrheit unglücklich? Nicht die anderen Menschen sind es, sondern unsere Glauben. Nicht Karma, nicht die Fehler der Vergangenheit und nicht Gott sind es, die Sie unglücklich machen. Sie machen sich selbst jetzt, in diesem Augenblick, durch Ihre Gedanken unglücklich!
Sie sind spirituelle Leute und suchen die Wahrheit. Warum ist es so schwierig, die Wahrheit anzunehmen? Sie geht uns gegen den Strich. Der Heilige Geist weiß alles. Durch Ihn können Sie wissen, was richtig und was falsch ist. Ohne die Hilfe des Heiligen Geistes machen wir selbstzerstörerische Gedanken. Oder soll ich es Selbstsabotage nennen? Das ist unser Hauptproblem. Die Menschen sabotieren sich selbst. Wir wollen sehen, wie wir damit aufhören können.

Wir glauben, dass unser Leid von Ereignissen verursacht wird, die außerhalb von uns liegen. Deshalb suchen wir auch die Lösungen außerhalb. Aber das Problem liegt nicht außerhalb. *Die Lösung kommt nicht von außen nach innen. Sie muss vielmehr von innen nach außen gehen.* Die äußere Welt ist eine Reflexion unserer inneren Welt. Unsere Gedanken werden in der äußeren Welt reflektiert. Deshalb ist es der Weg, dass wir in uns schauen, aber auf eine andere Art und Weise.

Und die Welt ist doch gut!

Unser Geist zieht nur das an, was ihm bekannt ist. Wenn Sie Angst haben, dann ziehen Sie angstvolle Ereignisse an. Wenn Sie konfus sind, dann ziehen Sie Erfahrungen an, die Sie noch mehr konfus machen.

Wenn Sie glauben, Sie können nicht sein, Sie können nicht haben oder Sie können nicht tun, dann ziehen Sie Umstände an, die Ihnen bestätigen, dass Sie nicht sein, nicht haben und nicht tun können.

Wenn Sie z.B. glauben, dass Sie schüchtern sind, dann werden Sie schüchtern bleiben. Sie werden Situationen vermeiden, in denen Sie Mut zeigen müssen (etwa vor Menschen eine Rede halten). Wenn Sie dick sind, dann glauben Sie, dass Sie immer dick sein werden. Wenn Sie glauben, dass alles schlimm ist und schief geht, dann wird alles schlimm und es geht schief. Wenn Sie glauben, dass die Geschäfte schlecht gehen werden, dann zieht das Unterbewusstsein die Situationen an, die die Geschäfte noch schlechter machen, und Sie vermeiden die Situationen, die die Geschäfte beleben könnten. So beweist Ihnen das Unterbewusstsein, dass Sie recht hatten.

Es war einmal ein König, der hatte einen kleinen Sohn. Um ihn im Krieg vor den Feinden zu schützen, gab der König das Baby in eine andere Familie. Durch die Kriegswirren stand das Kind schließlich ganz allein in der Welt und hatte niemanden mehr, der es versorgte. Der Junge wurde ein Bettler. Inzwischen hatte der König sein Reich wiedergewonnen. Eines Tages ging der junge Bettler zum Königspalast, um eine milde Gabe zu erbitten. Der Diener betrachtete ihn und sagte: »Du siehst wie die Königin aus«. Der König kam und sah die kleine Halskette, die er seinem Sohn als Baby umgehängt hatte. »Mein Sohn, warum bettelst du?« rief er aus, »bleib bei mir im Palast. Du bist der Prinz des Königreiches!«
Sie sind Gottes Kinder, aber Sie benehmen sich nicht so! Die Energie, das göttliche Bewusstsein, ist da und steht uns zur Verfügung. Sie können ihm Vertrauen schenken! Schauen Sie nicht auf all die schlimmen Dinge in der Welt, auf all die Verbrechen und Gewalttätigkeiten, und sagen Sie nicht: »Wie kann ich da Vertrauen haben?«

Dialog

P. de Souza: Warum leiden so viele und warum sind andere erfolgreich?
Zuhörer: Gott hat den Menschen einen freien Willen gegeben. Die Menschen wählen selbst.
P. de Souza: Ja, sie haben das Recht zu wählen. Das Unterbewusstsein ist neutral. Sie können es sowohl negativ wie auch positiv verwenden. Nach dem gleichen Gesetz, nach dem Sie sich unglücklich gemacht haben, können Sie sich auch glücklich machen. Wenn Sie deprimiert sind, dann unterstützt Sie Ihr Unterbewusstsein in der Depression. Dann ziehen Sie solche Erlebnisse an, die Ihre Depression bestätigen und damit verstärken. Wenn Sie erfolgreich sind, dann ziehen Sie Situationen an, die Ihren Erfolg verstärken. Das Unterbewusstsein ist ganz neutral. Diese Power haben Sie! Die hat jeder! Jeder ist Gottes Kind. Die Energie ist gewaltig. Sie müssen die Power nur lenken können! Wie können Sie sie lenken? Durch Gedanken! Die Gedanken lenken Ihre Power und Ihr Potential ist unbegrenzt.

Die Lampe und das E-Werk

Die elektrischen Birnen, die hier brennen, haben 60 Watt. Sie sind mit dem Elektrizitätswerk verbunden, das zigtausend Watt hat und mit einer sehr viel höheren Spannung arbeitet als die 220 Volt, auf die unsere Birne ausgelegt ist. Die Spannung muss heruntertransformiert werden. – So ist es auch mit uns Menschen.

Wir sind von Gott nicht getrennt, aber unser Körper kann die göttliche Energie in ihrer vollen Stärke noch nicht verkraften. Es gibt 25- 40-, 60-, 75-, 100-Watt Birnen. 1000 Watt wäre eine weise Birne! Sie können auch weise werden, wenn Sie aus dem Energiefluss Gottes nicht nur eine Tasse voll, sondern ein Fass voll nehmen können. Aber wie der Draht in der 100-Watt-Birne stärker sein muss als in der 25-

Watt-Birne, so müssen wir auch den Kanal für den Heiligen Geist in uns stärker machen. Das heißt, wir müssen unser Bewusstsein erhöhen, also unsere Gedanken erweitern, also sie berichtigen. Je mehr unsere Glaubenssätze das richtige Wissen beinhalten, um so stärker ist unser Draht.

Wenn Sie mehr Wasser aus dem Strom schöpfen möchten, dann brauchen Sie ein großes Fass. Der Fluss ist immer da, aber Sie müssen erst Ihr Fass bauen. Das können Sie, indem Sie Ihr Bewusstsein erweitern und erhöhen. Das bedeutet: Was Sie von sich selbst denken, das ändern Sie. Entwickeln Sie die richtigen Ideen über sich selbst – das richtige Selbstimage – ein Selbstimage, das einem Kind Gottes angemessen ist und entwickeln Sie die richtigen Ideen über die Realität. Illusionen und Selbstbetrug entsprechen nicht Ihrer Natur.

Dialog

Zuhörer: Alles, was mich unglücklich macht, nach und nach beseitigen und Freude hereinlassen, das ist Bewusstseinserhöhung.
P. de Souza: Ja, die Vorstellungen über sich selbst müssen Sie ändern. Sie haben Ihre Eigenschaften, weil Sie glauben, dass Sie sie haben. Und diesen Glauben haben Sie unbewusst in sich entwickelt. Ihre Aufgabe ist es, ihn bewusst zu machen. – Sie sind unglücklich und fühlen sich durch das viele Leid und die Armut in der Welt bestätigt. Der Grund dafür ist aber, dass die Menschen nicht auf das eben beschriebene Gesetz achten. Sie begrenzen und beschränken ihr Potential nämlich durch ihren Glauben. Sie könnten sich Ihr Potential erschließen, indem Sie Ihre Gedanken richtig verändern und Ihren Glauben richtig gestalten. Das heißt, durch die richtigen Gedanken können Sie Ihr Potential aus sich herauslocken.

Das habe ich doch gleich gesagt

Alle Menschen machen ihre »Spiele«: Einige spielen »Unglück«, andere spielen »Armut«, manche spielen »Glück«. Warum spielen so viele »Leid«? Sie haben eine wunderliche Genugtuung, sich als Opfer zu fühlen und keine Entscheidungen zu treffen. Wenn sie sich nämlich nicht entscheiden, dann können sie auch keine Fehler machen. Sie wollen glücklich sein, aber noch nicht gleich. Sie wollen gern bessere Beziehungen haben, aber noch nicht gleich mit der Arbeit dafür beginnen. Sie warten auf Hilfe von anderen, von außen. Sie glauben, dass andere Menschen ihnen geben können, was sie sich wünschen. Und sie glauben, dass die anderen ihre Wünsche erfüllen können. So versuchen sie, eine bessere Gesellschaft zu machen. Jeder hat dafür eine utopische Vorgehensweise. Aber kein Plan kann die Gesellschaft verbessern, weil man nichts machen kann, was höher ist als das Bewusstsein.

Wenn Sie jetzt also Veränderungen wollen, dann schauen Sie nicht mehr nach außen, sondern nach innen. Sie sind Ihr eigener Wegweiser, denn Sie sind Gottes Kind. Sie können nicht die Umstände kontrollieren, aber Sie haben die Macht, Ihre Gedanken zu kontrollieren! Wenn Sie konfus sind, dann empfinden Sie Angst und begrenzen damit Ihr Potential.

> Wenn Sie unglücklich sind, dann ist die Lösung, dass Sie den Mut fassen, Ihre Gedanken zu ändern.

Schauen Sie sich dazu Ihr Leben an, Ihre Umstände, Ihre Einstellungen, Ihren Glauben. Jetzt passiert etwas Merkwürdiges. Sie fühlen sich bedroht, wenn Sie Ihren Glauben ändern sollen. Wenn ich z.B. Ihren Glauben angreife, indem ich sage, etwas anderes sei richtig, dann fühlen Sie sich bedroht. Oder aber Sie ändern jetzt jeden Satz von mir und passen ihn Ihrem Glaubenssystem an. Nun sind Sie sicher, dass ich genau das gesagt habe, was Sie denken, bzw. dass Sie sowieso das denken, was ich gesagt habe. Das ist merkwürdig, aber so funktioniert unser Unterbewusstsein.

Dominierende Gedanken

Ihre Sehnsucht in der Welt ist es, glücklich zu sein und Glück ist Ihr Erbrecht! Sie brauchen sich nicht zu entschuldigen, wenn Sie glücklich sind. Es ist Gottes Wunsch, dass Sie glücklich sind. Er will nicht, dass Sie leiden! Aber Sie glauben das nicht; denn immer noch tragen Sie lange Gesichter. Wer ist dafür verantwortlich, Sie glücklich zu machen? Jeder ist für sich selbst verantwortlich! Sie handeln – aber wie oft handeln Sie nicht nach Ihrem Potential? *Ihr Potential ist unbegrenzt. Aber wie Sie handeln, das entspricht nicht Ihrem Potential, sondern Ihrem Glauben.* Sie können nur das, was Sie glauben zu können. Woher kriegen Sie diesen Glauben? Als Sie Kinder waren, hatten Sie Gefühle. Und diese Gefühle erzeugten Bilder. Die Bilder wurden dann durch Worte vertreten. Wenn wir erwachsen sind, dann geht es anders herum: Wir benutzen Worte. Sie rufen Bilder hervor, die mit Gefühlen verbunden sind. In dieser Reihenfolge: Worte, Bilder, Gefühle.

Wenn wir einen starken dominierenden Gedanken haben, dann verteidigen wir ihn gegen einen widersprechenden Gedanken. Zu unserem Hauptgedanken werden wir alle Tatsachen sammeln, um nachzuweisen, dass unser Hauptgedanke richtig ist. Wir werden nur solche Bücher lesen, die diesen Hauptgedanken bestätigen. *Sie handeln nicht nach der Wahrheit, sondern wie Sie die Wahrheit sehen. Sie haben also viele Meinungen und Glauben, die der Wahrheit nicht entsprechen. Deshalb brauchen Sie Mut, wenn Sie Änderungen machen wollen.* Warum wollen Sie der Wahrheit nicht ins Antlitz sehen? Sie suchen doch die Wahrheit und rennen von Seminar zu Seminar! Angeblich suchen Sie die Wahrheit.

Dialog

Zuhörer: Die Frage ist, was Wahrheit überhaupt ist?
P. de Souza: Was Sie glücklich und frei macht! Was Ihre Verwandtschaft mit Gott bestätigt; dass Sie Gottes Kind sind.

Zuhörer: Das kann ich ja nur in mir selber erfahren. Ich bin dann davon überzeugt, das ist die Wahrheit. Aber im Grunde genommen kann ich Wahrheit als solche hier überhaupt nicht definieren.
P. de Souza: Ja, man kann sie nicht definieren. Die Wahrheit kann man nicht mit Worten erfassen.

Worte, Bilder, Gefühle

Wir leben mit unseren Glaubenssätzen in Selbstrede. Wir machen unser Selbstimage durch Selbstrede. Wenn Sie Ihr Selbstimage ändern wollen, dann müssen Sie Ihre Selbstrede ändern. Ihre Selbstrede erzeugt Bilder, und Bilder erzeugen Emotionen, und die Emotionen wiederum verstärken das Selbstbild oder was wir als 'Ego' bezeichnen. Woraus besteht Ihr Selbstbild? Aus Ihren Einstellungen, Glauben, Meinungen. Alle Ihre Erfahrungen, die Ihren Glauben bewirkt haben, sind in Ihrem Unterbewusstsein gespeichert. Die Erfahrungen, die lebhaft und bildhaft sind, sitzen fest in Ihrem Unterbewusstsein, und Sie müssen Ihr Bestes geben, dieses falsche Bild durch ein neues zu ersetzen.

Wenn Sie sich, d.h. Ihre Handlungen, ändern wollen, wo beginnen Sie? Bei den Gedanken! Manchmal sagen Ihnen die Leute, was sie von Ihnen halten. Wie Sie aber mit dieser Meinung umgehen, bestimmt dann Ihr Selbstimage. Ihr Unterbewusstsein kennt den Unterschied nicht zwischen tatsächlichen und vorgestellten Erfahrungen. Das Unterbewusstsein hält seinen Glauben für wahr, auch wenn er nicht wahr ist. Wenn jemand Sie als »Idiot« beschimpft, dann stört Sie das nur, wenn Sie es als Wahrheit in Ihrem Unterbewusstsein annehmen, und nicht, weil er das gesagt hat. Erst, wenn Sie das annehmen, hat die Aussage Macht über Sie. Dann versucht Ihr Unterbewusstsein, Sie zu einem Idioten zu machen. Denn Ihr Unterbewusstsein hat die Aufgabe, Ihnen das zu geben, worum Sie durch Ihren Glauben bitten.

Wir sind nicht Opfer von anderen Menschen. Wir sind es selbst, die die Gedanken der anderen Menschen akzeptieren. (Das können wir aber auch bleiben lassen.) Und dann handeln wir nach diesen Gedanken, die wir von den anderen übernommen haben und machen uns zu »Sklaven« der anderen Menschen.

Sie haben die Macht, glücklich zu sein

Sie haben ein Bild von sich und verhalten sich danach. Es besteht aus Ihren Erfahrungen und Einstellungen. Ihr Selbstbild bestimmt Ihre Handlungen. Wenn Sie sagen: »Ich bin ein solcher Mensch«, dann ist diese Selbstrede in Ihr Selbstimage geschrieben, und Sie werden nach diesem Selbstbild handeln. Und das passiert automatisch. Nachdem Sie danach gehandelt haben, sagen Sie: »So bin ich immer« und festigen mit dieser Selbstrede Ihr bisheriges Bild von sich. »Mein Gedächtnis ist wie ein Sieb«. »Ich bin immer ungeschickt«. »Solche Fehler mache ich immer«. »Ach, was bin ich doch dumm!« Mit solchen Selbstreden ist das kein Wunder. Wenn jemand Sie »dumm« nennt, sind Sie dann dumm? Nein! Nur wenn Sie es glauben! Die anderen haben nicht die Macht, Ihr Unterbewusstsein zu ändern. Das können nur Sie allein! Gott hat Sie geschützt.

Niemand kann Ihr Unterbewusstsein beeinflussen, es sei denn, Sie erlauben es.

Dialog

Zuhörer: Das gefällt mir. Dann kann einem überhaupt nie etwas passieren. Gott hat uns geschützt. Nur wir selbst wählen alles, was passiert. Ab sofort bin ich von morgens bis abends die Größte.
P. de Souza: Ganz richtig! Ab sofort ist jeder der Größte! So

können Sie Ihre Selbstrede machen. Was machen Sie, wenn andere auf Sie losgehen?
Zuhörer: Ich mache eine positive Selbstrede.
P. de Souza: Genau. Sie stempeln sich selbst mit positiven Etiketten ab. Sie sagen: »Ich bin begehrenswert, ich bin eine gute Mutter, ich bin intelligent, ich kann alles im Kopf behalten, ich lerne täglich mehr und mehr.« Voila, tatsächlich lernen Sie täglich mehr und mehr! Ihre Nachbarin sagt zu Ihnen: »Sie Depp!« Was sagen Sie innerlich?
Zuhörer: »Ihr Anwurf trifft mich nicht. Ich weiß, wer ich bin. Aber es ist Ihr Recht, zu denken wie Sie wollen«.
P. de Souza: Prima! Machen Sie eine positive Selbstrede über sich. Die Nachbarin darf sagen, was sie will. Korrigieren Sie die Nachbarin nicht! Kämpfen Sie nicht mit ihr! Sie lassen den Glauben Ihrer Nachbarin nicht in Ihr Unterbewusstsein. Er ist nicht Teil Ihres Selbstbildes. Nur was Sie selbst von sich halten, gehört zu Ihrem Selbstbild, ist Teil Ihres Unterbewusstseins.
Zuhörer: Sie sagten, dass Gott uns geschützt hat, indem niemand Zugang zu unserem Unterbewusstsein hat, außer jeder bei sich selbst. Ich gebe meinem Unterbewusstsein selbst die Nahrung.
P. de Souza: Ja. Oft begrenzen Sie Ihr Potential dadurch aber auch, nämlich indem Sie 'falsche Nahrung' aufnehmen.

Das Verhalten ändern

Ihr Selbstbild bestimmt Ihre Handlungen. Wenn Sie glauben, Sie seien unfähig, hier eine Rede zu halten, dann wird Sie meine Aufforderung, nach vorne zu kommen und eine Rede zu halten, erschrecken. Was machen wir also, um unser Verhalten zu verändern? Wenn Sie sich zwingen, hier eine Rede zu halten, dann haben Sie Angst. Ihr Selbstbild versucht, Sie zu schützen. »Sei clever. Zeig nicht, wie doof du bist. Bleib sitzen!« Wenn Sie tatsächlich eine Rede halten wollen, dann ist es der erste Schritt, dass Sie Ihr Selbstbild verändern. Sie können Ihr Verhalten nicht ändern, indem Sie sich einfach nur zwingen, nach vorn zu kommen. Sie können keine Rede halten, weil Ihr Selbstbild sagt: »Das kannst du nicht, mein Kind!« Denn Sie handeln nach Ihrem Selbstbild.

Was bedeutet Selbstbild? Selbstbild ist, was Sie glauben, dass Sie *JETZT* tun können, was Sie sich zutrauen oder nicht zutrauen. Sie haben eine bestimmte Umgebung, die Ihrem Selbstbild entspricht. Sie haben eine Tendenz, immer wieder zurück zu Ihrer gewohnten Umgebung zu gehen. Wenn Sie jetzt im Buckingham-Palast wohnen sollten, würden Sie sich dort wohl fühlen? Auf keinen Fall, obwohl dort alles luxuriöser ist als bei Ihnen zu Hause.

Eine Fischersfrau, die auf dem Markt ihren Fisch verkaufte, war mit der Blumenverkäuferin vom Markt befreundet. Eines Tages lud die Blumenfrau ihre Freundin zu sich nach Hause ein. Es wurde spät, und die Fischersfrau konnte nicht mehr nach Hause fahren. »Du kannst bei mir übernachten«, sagte die Blumenfrau und führte ihre Freundin in ein Zimmer, in dem sie immer ihre Blumen trocknete. Der Raum war erfüllt von Blumenduft. Die Fischersfrau wälzte sich schlaflos im Bett hin und her. Der ungewohnte Duft störte sie. Da stand sie auf, holte ihren Fischkorb und stellte ihn neben ihr Kopfkissen ans Bett. Endlich fand sie den ersehnten Schlaf.

Ein Mensch aus den Slums fühlt sich in einer Neubauwohnung nicht wohl. Aber Sie können sich an den Buckingham-Palast gewöhnen, wenn Sie Ihr Selbstbild ändern. *Wenn Sie ein Verhalten haben, das Sie stört, und Sie wollen es ändern, dann ändern Sie nicht nur das Verhalten. Das geht nicht. Ändern Sie erst Ihr Selbstbild.* Fragen Sie sich: »Was erwarte ich von mir?« Die Antwort gibt Ihnen Auskunft über Ihr Selbstbild. »Wo fühle ich mich wohl? Auf einer Party, wo viele Menschen sind oder allein zu Hause?« Wenn Sie sich als arm sehen, dann richten Sie alles so ein, dass Sie auch tatsächlich arm sind. Wenn die Philosophen der Lebensverneinung sagen, dass Armut die größte Tugend sei, dann haben sie ein Bild von Armut als Weg zu Gott, und so sind sie arm. Aber nahe zu Gott sind sie deshalb nicht. Woher haben sie diesen Glauben? Sie haben damit vielleicht die vielen

Armen trösten wollen: »Es macht nichts, wenn ihr arm seid. Das ist der schnellste Weg zu Gott.« Sie haben nicht gewusst, wie man aus der Armut herauskommen könnte. »Gott liebt dich besonders«, das war eine Art Trost.

Homo teleologicos

Sie sind teleologische, das heißt zielgerichtete Wesen. Wenn Sie sich ein Ziel setzen, dann führt Sie Ihr Geist, Ihr ganzer Körper und alle Ihre Energien in diese Richtung. Deshalb ist es sehr wichtig, welche Ziele Sie sich setzen; denn Sie werden unweigerlich in diese Richtung gehen.
Wenn Sie sich Ziele setzen, dann stellen Sie sich darauf ein, dass Sie sie nicht gleich erreichen werden. Manchmal gibt es Schwierigkeiten und Hindernisse. Auch wenn Sie mit dem Auto fahren, müssen Sie oft an einer roten Ampel anhalten und warten, bis es grün wird. Das ist normal. Konfuzius sagte: »Der Ruhm des Menschen liegt nicht darin, dass er nicht fällt. Sein Ruhm liegt darin, dass er wieder aufsteht.«

Ein junger Student wollte sich in einem Hotel als Koch trainieren lassen. Er war ein tüchtiger Student und hatte großes Interesse an der Kochkunst. Aber es fiel ihm schwer, immer früh morgens in dem Hotel zu erscheinen. Ein paarmal kam er, fehlte dann und kam später wieder. Sein Chef stellte ihn zur Rede. »Der Dienst beginnt mir zu früh. Ich habe ein paarmal verschlafen und bin dann lieber gar nicht mehr gekommen. Könnten Sie nicht lieber erst nachmittags anfangen zu kochen?« »Das geht nicht!«, sagte der Chef. – Der junge Mann war nicht bereit, den Preis zu zahlen für eine gute Ausbildung. Aber viele sind bereit, ihr Selbstbild zu ändern und so den ersten Schritt zu tun, ihre Ziele auch zu erreichen.

Ein Ziel braucht einen Sinn für Sie. Sie können sich nicht einfach irgendetwas wählen. Es braucht aber keine besondere Intelligenz oder Begabung dazu. Jeder kann glücklich werden. Dr. Maltz hatte die

Reinemachefrau, die schon seit vielen Jahren bei ihm sauber machte, immer nur flüchtig gesehen. Jetzt stand sie mit ihm im Aufzug, und sie ging mit ihm in seine Wohnung, um dort ihre Arbeit zu tun. Dr. Maltz hatte sie schon ganz vergessen, da hörte er, wie sie mit schöner Stimme sang. Er ging zu ihr hin. »Sie scheinen heute sehr glücklich zu sein?«, fragte sie der Doktor neugierig. »Nicht mehr als sonst auch«, antwortete die Frau. Sie kamen ins Gespräch. Der Doktor erfuhr, dass die Frau eine Tochter hatte, dass sie ihren Mann verloren hatte, als die Tochter neun Jahre alt war, und dass sie seitdem als Reinemachefrau arbeitete, um den Lebensunterhalt zu verdienen. Jetzt gehe die Tochter zur Universität, erzählte die Frau, und sie studiere mit Fleiß und Erfolg. Das sei ihre ganze Freude. – Das Ziel dieser Frau hatte einen Sinn in ihrem Leben.

Nie zufrieden – welch ein Glück

Jemand, der der Verneinung des Lebens folgt, sagt, dass sich der Mensch keine Ziele setzen solle, weil der Mind oder das Ego nie mit dem Erreichen eines Zieles zufrieden sei. Wenn ein Ziel erreicht sei, dann setze das Ego schon das nächste Ziel. Kaum habe es etwas bekommen, dann wünsche es sich schon etwas Neues. Die Wünsche seien unendlich, und der Mensch müsse laufen und laufen und laufen und lebe ständig im Stress. Das führe zu weiteren Problemen, z.B. zu Aggressionen gegen andere. Deshalb solle man keine Ziele haben; denn Ziele machten letztendlich nicht glücklich. Das klingt schön, stimmt aber nicht.

Dialog

Zuhörer: Durch die Erreichung meiner Ziele bejahe ich Gott in mir. Wenn ich Ziele verneine, dann verneine ich Gott in mir.
P. de Souza: Es ist wahr, dass wir nur vorübergehend glücklich sind, wenn wir ein Ziel erreicht haben. Aber sollten wir denn ein ganzes Leben damit glücklich sein? Reicht ein Sieg, z.B. in einem

Sportwettkampf, für ein ganzes Leben? Der Sportler würde dann nicht mehr weiter trainieren. Alle Menschen würden aufhören zu arbeiten, nachdem sie das erste Ziel erreicht haben. Wenn Edison mit der Erfindung der Glühbirne zufrieden gewesen wäre, dann hätte er das Grammophon nicht mehr erfunden, und wir könnten heute nicht so bequem Musik genießen. Es ist also ein Vorteil, dass wir nicht schon nach der Erreichung eines Zieles für immer glücklich werden können.
Wenn wir nichts tun, z.B. im Urlaub, sind wir auch nur vorübergehend glücklich. Irgendwann wird es uns langweilig, und wir sehnen uns danach, wieder etwas Herausforderndes tun zu können. Denn schon das Arbeiten an einem Ziel macht glücklich. Erst durch unsere Ziele geben wir unserem Leben einen Sinn.

Ziele erreichen heißt, das Selbstbewusstsein erhöhen

Natürlich gibt es auch eine unangenehme Seite mit den Zielen, nämlich dann, wenn Sie sich mit Ihren Zielen überfordern. Dann gibt es Hektik und Stress. Sie sind vollkommen kaputt und werden unglücklich. Aber die Losung ist nicht, keine Ziele zu setzen. Vielmehr müssen Sie lernen, mit der richtigen Einstellung und Organisation zu arbeiten. Ein stressgeplagter Workaholic, der ohne Pause arbeitet, findet es vielleicht attraktiv, wenn der Yogi der Verneinung des Lebens ihn zum Nichtstun in die Höhle einlädt. Vorübergehend, während seiner Erholungsphase, wird er sich glücklich fühlen. Aber dann wird ihn die Langeweile unzufrieden und unglücklich machen. Ich habe bisher noch keinen Menschen glücklich gesehen, der dem Leben entsagt hat.
Es ist nicht möglich, sich ein Ziel zu setzen, das für ein ganzes Leben glücklich macht. Wenn jemand sagen würde: »Ich will ein bedeutender Schriftsteller werden und zehn Bestseller schreiben«, so würde ihm das nicht helfen, seine ersten Schritte zu unternehmen. Erst einmal muss er ein Buch schreiben und sehen, ob sich andere dafür interessieren. Dann kann er sich neue Ziele setzen. Immer wieder werden wir durch neue

Ziele zu neuem Schaffen herausgefordert. Dadurch geben wir unserem Leben Sinn. Sie gewinnen Selbstbewusstsein und werden glücklich, wenn Sie wieder ein Ziel erreicht haben. Ihr Selbstbild zeigt, was für ein Selbstwertgefühl Sie haben. Wenn Sie ein positives Selbstbild entwickeln wollen, geht dies nur, wenn Sie Ihr Selbstbewusstsein erhöhen. Deshalb ist es so wichtig, Ziele zu verfolgen.

Hinter dem Horizont

Die traurigen Leute fühlen sich von der Idee angezogen, der Welt zu entsagen. Leid zieht Leid an! Aber Sie sind glückliche Leute. Sie finden die Idee, der Welt zu entsagen, nicht attraktiv. Ziele zu erreichen ist in spirituellen Kreisen auch deshalb in Verruf gekommen, weil Ziele in der Welt oft dadurch erreicht werden, dass andere betrogen und übervorteilt werden. Das wollen spirituelle Leute nicht und suchen die Lösung darin, Ziele überhaupt aufzugeben. Damit schütten sie das Kind mit dem Bade aus.
Ein anderer Grund, weshalb Ihnen Ziele problematisch erscheinen können, ist dieser: Sie haben Angst vor neuem Versagen. Sie haben schon einmal versagt und haben nun Angst, wieder zu versagen. Die Lösung scheint zu sein, der Welt ganz zu entsagen. Wenn Sie von einem Misserfolg niedergeschlagen sind, dann können Sie sich vorübergehend zurückziehen, bis die Wunden geheilt sind. Aber nur für eine kurze Zeit. Dann können Sie wieder aufstehen und weiterarbeiten und neue Ziele setzen. *Denn, wenn Sie Ziele verwirklichen, werden Sie glücklich.* Und Glückseligkeit suchen Sie. Sie können nicht auf direktem Weg Ihr Bewusstsein erhöhen, sondern nur auf indirektem Weg, indem Sie glücklich sind. Und das erreichen Sie, indem Sie sich Ziele setzen. *Ziele setzen, aber nicht andere dabei betrügen!* Wenn andere sich falsche Ziele setzen, heißt das nicht, dass Sie es auch tun müssen. Setzen Sie sich richtige Ziele.
Der Lebensverneiner sagt, Wünsche seien wie der Horizont: Man erreicht ihn nie. Wenn man eine Million hat, dann will man zwei haben. Nie sei der Mensch zufrieden. Deshalb solle er allen Wünschen entsagen.

Ein lebensbejahender Mensch sagt: »Der Mensch ist auch nicht zufrieden, wenn er allen Wünschen entsagt. Ich will Ziele haben, sonst bin ich antriebslos, sonst hat das Leben keinen Sinn. Es hat keine Richtung. Ich kann nicht glücklich sein, wenn ich keine Ziele habe. Wenn ich nicht glücklich bin, kann ich nicht weise und liebevoll werden, kann ich Gott nicht verwirklichen, kann ich nicht sagen, ich sei Gottes Kind. Ich will Ziele haben. Wenn ich sie erreicht habe, bin ich glücklich. Und ich will mich nicht auf meinen Lorbeeren ausruhen. Wenn ich nichts tue, werde ich deprimiert. Wenn ich aber mein Leben selbst in die Hand nehme und ihm Richtung und Gestalt gebe, dann bin ich zusammen mit Gott unterwegs.

Wenn Sie sich ein Ziel setzen wollen, dann fragen Sie: »Was wünsche ich mir? Was liegt mir am Herzen? Was will ich im Leben erreichen?« Gott will, dass Sie etwas tun, dass Sie sich Ziele setzen – die Ziele, nach denen Sie Sehnsucht haben, die Ziele, deren Erreichen Sie mit Freude und Stolz erfüllt.

Dialog

P. de Souza: Die Philosophie der Verneinung des Lebens sagt: »Wenn man Ziele erreicht hat, ist man doch nicht glücklich. Es gibt so viele reiche Leute, die wollen immer mehr haben, weil sie immer noch nicht glücklich sind.« Ihr altes Selbstbild sagt: »Armut ist der Weg zu Gott. Durch Leid lernen wir und werden besonders von Gott geliebt. Entsagung ist der Weg zu Weisheit.« Diese Einstellungen sitzen fest.
Zuhörer: Gottes Schaffensdrang ist ja auch unerschöpflich. Er schöpft dauernd. Denn Liebe dehnt sich aus.
P. de Souza: So ist es! Sie können auch immer etwas machen und müssen nicht länger an Ihren alten Glaubenssätzen von Weltentsagung festhalten. So verwirklichen Sie Ihr göttliches Potential.

Ungezählte Freuden

Jemand sagt: »Setzen Sie sich keine Ziele, sondern entsagen Sie der Welt. Denn wenn Sie ihre Ziele erreicht haben, sind Sie nur vorübergehend glücklich. Nach einiger Zeit sind Sie wieder unglücklich. Auch wenn Sie noch so viele Ziele erreichen – Sie werden nie zufrieden sein! Wenn sie die ersten 100 000 DM verdient haben, wollen sie die nächsten 100 000 DM verdienen. Wenn Sie die haben, wollen sie die dritten 100 000 DM haben«. Was können Sie auf diesen Einwand entgegnen?
Sie können sagen: »Wenn ich einen Kuchen erfolgreich backe, dann habe ich Freude. Das heißt aber nicht, dass ich nun für den Rest meines Lebens glücklich bin. Ebenso macht es mich nicht für immer glücklich, wenn ich die Olympiade gewonnen habe. Aber ich kann diese Freude wiederholen, wenn ich neue Siege erringe. Außerdem, wenn ich durch Erreichen eines Zieles für immer glücklich sein könnte – z.B. wenn ich ein schönes Ikebana-Blumengesteck gemacht habe – dann wäre meine Freude sehr begrenzt. Es gibt so viele Möglichkeiten, glücklich zu sein, z.B. ein Buch schreiben, Sprachen lernen, einen Spaziergang machen, Gespräche mit Freunden haben, usw.. Die Freude ist jedesmal anders. Sollte es denn mit einer Freude schon zu Ende sein? Wie kann ich glücklich sein, wenn ich nichts mache und mir keine Ziele setze? Wie könnte ich so Gottes Kind sein?« *Niemand ist bisher durch Ziellosigkeit und Nichts-Tun glücklich geworden.*

Dialog

Zuhörer: Kann ich nicht auch falsche Ziele setzen?
P. de Souza: Ja, klar! Eine Garantie gibt es nicht! Das ist ein anderer Punkt, ob man Ziele falsch oder zu hoch setzt. Diese Entscheidung kann Ihnen aber kein Lehrer abnehmen. Sie müssen wissen, was Sie wollen. Niemand kann das für Sie entscheiden. Gott will, dass Sie selbst lernen, das zu entscheiden! Machen Sie Ihre Erfahrungen und Sie können durch Versuch und Irrtum lernen, Ihre Entscheidungen immer besser zu fällen.

Die Reise macht Spaß

Sie alle wollen glücklich sein. Sie werden glücklich sein, wenn Sie die richtigen Ziele erreicht haben. Sie müssen etwas tun, um etwas zu haben. Aber Sie müssen auch sein. Wie oft, wenn Sie das bekommen, was Sie sich gewünscht haben, wissen Sie plötzlich nicht, was Sie damit anfangen sollen.

Eine Frau regt sich auf: »Schau nur, der Hund jagt das Auto!« »Bleib ruhig«, sagt der Mann, »er fängt das Auto. Und dann weiß er nicht, was er damit anfangen soll.«

Es ist wichtig, im Leben etwas zu erzielen, aber genauso wichtig ist es, dann auch zufrieden damit zu sein – beides! Reichtum allein macht nicht glücklich. Elvis Presley und Marilyn Monroe haben sich umgebracht, obwohl sie reich und berühmt waren. Wenn Sie daraus schlussfolgern, dass Armut glücklich mache, dann ist das ebenso falsch. Sie wissen nicht, wieviele Arme sich umgebracht haben. Das steht aber nicht in der Zeitung. Manche Leute bringen sich wegen Beziehungsschwierigkeiten um. Heißt das, dass man keine Beziehungen mehr haben sollte? *Armut macht Sie nicht glücklich.*

Verfolgen Sie ein Ziel. Das Ziel wird erst in der Zukunft erreicht. Aber Sie können *JETZT SCHON* glücklich sein. *Das ist ein Seiltanz: Jetzt glücklich zu sein und trotzdem noch Ziele und Wünsche in der Zukunft zu haben.* Was kennzeichnet einen spirituellen Menschen? Dass er glücklich ist! Die Kunst ist also, zufrieden zu sein mit dem, was Sie jetzt haben und trotzdem nach etwas Besserem zu streben. Das heißt, Sie müssen an das Ziel denken, aber die Reise genießen. Die Vorgehensweise, das Ziel zu erreichen, sollte mit Freude verbunden sein. Freude kommt nicht erst, wenn Sie den Topf voll Gold am Berggipfel erreicht haben, sondern schon, wenn Sie die Reise machen. Das heißt, ein letztes Ziel wird nie erreicht werden, aber die Reise macht Spaß. Das ist Spiritualität.

Wissen, was Sie wollen

Entscheiden Sie, was Sie erreichen wollen. Wie kann ich glücklich werden, wenn ich nicht weiß, was ich will? Aber Sie haben Angst zu entscheiden. Warum? Sie möchten keinen Fehler machen. Wenn Sie entscheiden, haben Sie auch Angst, etwas aufzugeben. Wenn Sie sich entscheiden, nach Paris zu fahren, dann können Sie nicht nach Mallorca fliegen. Oder Sie haben Angst, mit Ihrer Entscheidung andere unglücklich zu machen, weil die nicht so entschieden haben. Deshalb halten Sie es für das Einfachste, überhaupt nicht zu entscheiden. Erstens ist dann niemand beleidigt und zweitens machen Sie dann keinen Fehler und drittens müssen Sie nicht bewusst entscheiden, auf etwas zu verzichten. Diese Hindernisse müssen Sie erst einmal anerkennen. Dann können Sie etwas ändern. Was wollen Sie? Was ist Ihr Wunsch?.

Wenn Sie nicht wissen, welche Ziele Sie sich setzen sollten, dann fragen Sie sich, was Ihnen in der Vergangenheit Freude bereitet hatte. Sie sind frei zu wählen. Was interessiert Sie? Keine Tagträume, also keine Wünsche haben, sondern Ziele setzen! Ziele sind immer mit der Planung einer Vorgehensweise verbunden. Planen Sie, sonst erreichen Sie Ihr Potential nicht.

Wie Sie Ziele erreichen

Erst einmal müssen Sie wissen, was Sie wollen. Schreiben Sie Ihre Ziele auf! Notieren Sie auch die Vorteile, die Sie haben werden, wenn das Ziel erreicht ist. Ihre Ziele sollten nicht zu hoch gesteckt sein. Wenn Sie sie nicht erreichen können, sind Sie enttäuscht, und Ihr Selbstwertgefühl geht in den Keller. Wenn Sie voll Lebensfreude sind und Ihr Selbstwertgefühl hoch ist, dann setzen Sie sich auch höhere Ziele. Dann können Sie die Welt in Flammen setzen. Vorerst aber machen Sie kleinere Ziele, Ziele, die in ein paar Tagen erreicht werden können. Dann haben Sie ein gutes Gefühl, Ihr Selbstwertgefühl wird erhöht, und dann können Sie sich herausforderndere Ziele setzen. Nun haben Sie Zuversicht, dass Sie sie erreichen können.

Schreiben Sie sich auch die möglichen Hindernisse auf. Wenn sie auftauchen, sind Sie nicht überrascht. Vielmehr sind Sie vorbereitet, und Sie können sie schneller überwinden. Wenn die Schwierigkeiten nicht auftauchen – umso besser!

Der nächste Schritt ist, anzufangen! Aber sofort! Nicht sagen: »Ich werde nach den Ferien beginnen«, sondern sofort. Der Plan soll nicht starr sein. Er kann, je nach auftretenden Erfahrungen, verändert werden.
Sie brauchen auch eine Frist, bis wann Sie Ihr Ziel erreicht haben wollen. Ohne Frist geht es nicht. Sonst zieht sich Ihr Vorhaben endlos in die Länge. Natürlich ist diese Frist nicht heilig. Sie kann nach den Umständen geändert werden. Aber erst einmal eine Frist setzen!
Jedesmal wenn Sie ein Ziel erreicht haben, dann schreiben Sie Ihren Erfolg auf. Wenn Sie einmal schlecht gelaunt oder deprimiert sind, dann lesen Sie Ihre Erfolge und bauen sich damit wieder auf. Denn Sie vergessen Ihre Erfolge, wenn Sie deprimiert sind.
Sie müssen auch arbeiten, um Ihr Ziel zu erreichen, aber arbeiten müssen Sie auch, wenn Sie sich kein Ziel setzen.

> Sie können Ihre Ziele verwirklichen, indem Sie Schritt für Schritt vorangehen. Dann sind Sie begeistert – dann ist selbst harte Arbeit süß!

Sie haben einen Glauben in Ihrem Unterbewusstsein, und Sie sind ein Gefangener Ihres Weltbildes. Ihr Weltbild diktiert Ihre Handlungen. Wenn Sie mit Ihrem Verhalten nicht zufrieden sind, dann ändern Sie Ihren Glauben! Das ist leichter gesagt als getan. Nur ein Buch lesen, nützt nichts. Sie müssen auch etwas tun. Und nur Sie können bei sich etwas tun! Ihre Glaubenssätze machen Sie entweder glücklich oder unglücklich. Sie leiden oder Sie haben Spaß am Leben. Das hängt von Ihren Glaubenssätzen ab. Welchen Glauben wollen Sie pflegen? Dass Freude, Glückseligkeit und Liebe der Weg mit Gott ist, oder Leid und Entsagung? Das entscheiden Sie.

Glaubenssätze ändern

Wie können Sie Ihre falschen Glauben ändern? Umgeben Sie sich mit guten Gedanken. Suchen Sie die Gesellschaft von Gedanken, die Ihre Ziele unterstützen. Ihre Gedanken sind Ihre geistige Umwelt.

> Wie machen Sie Ihren Geist positiv? Indem Sie Ihre Gedanken nicht Ihren momentanen, unbefriedigenden Zustand reflektieren lassen, sondern den Zustand, den Sie erreichen möchten.

Wenn Sie negative Gedanken haben, werden Sie sich negativ verhalten. Mit positiven Gedanken wird Ihr Gemüt positiv sein. Sie werden das, was Sie denken! Deshalb machen Sie sich Affirmationen. Schreiben Sie die Affirmationen als erstes auf. Zweitens: Überprüfen Sie, welche Ihrer Gedanken besonders wirksam sind? Es sind diejenigen, die mit Emotionen verbunden sind. Die Anzahl der Gedanken ist nicht wichtig, sondern ihre Intensität. Intensität entsteht durch die Gefühle, die mit den Gedanken verbunden sind. Drittens visualisieren Sie Ihre Ziele. D.h., behalten Sie die Gedanken im Kopf und lassen Sie Bilder dazu entstehen. Daraus bilden sich Emotionen. Ein Bild im Kopf erzeugt eine Emotion. Je länger das Bild im Kopf bleibt, um so intensiver ist die Emotion.

Durch positive Gedanken können Sie Ihr Leben ändern. Es ist unwichtig, ob diese positiven Aussagen schon zutreffen oder nicht. Wiederholen Sie sie einfach und entwickeln Sie Bilder und Gefühle dazu. Durch diese Affirmationen werden Sie Ihr Selbstbewusstsein erhöhen und Ihr Selbstbild ändern. Und Ihr Selbstbild bestimmt, was Sie tun. Fragen Sie sich immer: »Ist dieser Gedanke günstig für mich? Wird meine geistige Umwelt dadurch verbessert?“ Sagen Sie die Affirmationen morgens und abends. Und sabotieren Sie Ihre Affirmationen nicht durch negative Selbstrede. Seien Sie vorsichtig, was für eine Selbstrede Sie machen!

neues Bild von sich. Die Glaubenssätze, die Sie jetzt haben, sind aus Ihren Gedanken und Gefühlen zusammengesetzt. Verbinden Sie die neuen Affirmationen mit ebenso neuen, positiven Emotionen, sonst werden diese Gedanken keine Wirkung haben. Gedanken haben keine Wirkung, wenn sie nicht mit Emotionen und Bildern verbunden sind.

Wenn Sie dominierende Gedanken haben wollen, dann wiederholen Sie die neuen Gedanken und stellen Sie sie sich dabei so lange bildlich vor, bis Emotionen dazu entstehen. Wie haben Sie Angst, Depressionen und alle diese negativen Gefühle hergestellt? Durch Ihre Vorstellungsbilder! Durch Ihren Glauben, dass etwas schiefgehen wird. Das heißt nicht, Sie sollten keine Vorsicht walten lassen. Wichtig aber ist, dass Sie positive Bilder in Ihrem Bewusstsein ansammeln. Warum?

> Sie erhalten nur das, was Sie erwarten. Und was Sie erwarten, bestimmen Sie selbst durch Ihre Gedanken und Emotionen.

Das Selbstbild ändern

Wie wollen Sie sich in Zukunft verhalten? Sie setzen sich positive Ziele und setzen sie mit Emotionen verbunden in Ihrem Kopf fest. Dann wird das Unterbewusstsein alles tun, damit diese Ziele verwirklicht werden. Stellen Sie sich diese Ziele als schon erreicht vor. Was beabsichtigen Sie mit Ihren Affirmationen und Ihren Visualisierungen? Sie schaffen sich Bilder und Emotionen.

Änderungen in Ihrem Verhalten können Sie nicht erzwingen. Ändern Sie deshalb zuerst Ihr Selbstbild! Ihr Verhalten kann nicht anders sein als Ihr Selbstbild. Deshalb setzen Sie bei Ihrem Selbstbild an. Vielleicht sind Sie ein Raucher, aber Sie wollen in Zukunft nicht mehr rauchen. Das ist Ihr neues Verhalten. Auch mit einem starken Willen können Sie Ihr Verhalten nicht spontan ändern. Erst einmal müssen Sie einen positiven Gedanken in Ihrem Kopf installieren: »Ich freue mich, ein Nichtraucher zu sein.« Diesen Gedanken

Jeder Gedanke ist ein Bild. Affirmationen sind Gedanken. Diese Gedanken behalten Sie bei, bis ein Bild kommt. Das Bild schauen Sie so lange an, bis Emotionen kommen. Durch Visualisieren entwickeln Sie Ihr Gedächtnis und Ihre Einstellungen. Wenn Ihr Unterbewusstsein das Bild akzeptiert hat, dann werden alle Erfahrungen durch dieses Bild gefiltert werden. Sie haben z.B. ein Bild über einen bestimmten Menschen. Sie nehmen jetzt nur solche Erfahrungen an, die dieses Bild bestätigen. Bei widersprechenden Erfahrungen ändern Sie Ihre Einstellung nicht. Sie haben ein bestimmtes Gefühl für diesen Menschen. Diese Gefühle wird das Unterbewusstsein verteidigen.

> Das ist der Trick des Unterbewusstseins. Es übernimmt nur das, was mit seinen Emotionen übereinstimmt.

Die Gedanken, die Sie ständig wiederholen, sind bildlich in Ihrem Unterbewusstsein vorhanden und beeinflussen dann ihre Handlungen. Das tun allerdings nicht alle Gedanken. Wenn Sie nach vorn schauen, dann sehen Sie in der Mitte genau und deutlich. Sie sehen aber auch noch, was rechts und links am Rand ist. Das ist auch noch mit in Ihrem Blickfeld. So haben Sie auch viele Gedanken, aber einige Gedanken sind dominant, während andere am Rande sind. Nur die dominanten Gedanken beeinflussen Ihr Verhalten.

Gefühle herstellen

Wir wollen sehen, wie Sie z.B. das Gefühl der Angst herstellen. Sie machen sich Sorgen und stellen sich vor, was alles schiefgehen könnte. »Ich werde meinen Job verlieren. Ich werde kein Geld haben. Das Kind wird krank werden. Mein Mann wird eine Affäre mit einer anderen Frau haben.« Wie oft denken Sie solche Gedanken? Das sind Ihre Mantras. Dadurch entsteht ein Bild. Fall I: »Meine Frau ist heute zu einem anderen Mann gegangen. Ich bin schockiert. Ich fühle mich unsicher und verlassen. Ich habe Angst.« Fall II: »Ich habe den

Verdacht, dass meine Frau mit einem anderen Mann geht. Ich stelle mir vor, wie sie mit ihm zusammen ist.« Dieses Bild erzeugt dieselben Emotionen, als ob die Frau tatsächlich mit einem anderen Mann gegangen wäre. Obwohl das Ereignis nicht stattgefunden hat, sind die Ängste genauso stark als hätte es doch stattgefunden.
Sie haben sich diese Gefühle selbst hergestellt durch Selbstrede und durch Visualisieren. Das ist das Geheimnis der Affirmationen, d.h. der Sätze, die Sie ständig in Ihrem Kopf laufen lassen. Diese Gedanken sind gewaltig! Wenn Sie sich Ihrer alten Glaubenssätze bewusst sind, dann können Sie gegensteuern, indem Sie die neuen Affirmationen ständig in Ihrem Kopf wiederholen. Sie müssen die Gegensteuerung aktivieren. Das ist die Lösung!

Sie sind nicht das Opfer Ihrer Angst oder irgendwelcher früherer Geschehnisse! Ihre Melancholie, Ihre Depression, Ihre Angst ist nicht Karma, weil Sie 'in Ihrem früheren Leben etwas Falsches getan haben'. Nicht weil Sie 'in früheren Leben »böse« waren', sondern weil Sie in diesem Leben diese negativen Gedanken in Ihrem Kopf haben! In diesem Leben! Jetzt! *Ihre heutigen Gedanken sind der Schlüssel zu Freude oder Leid. Was Sie jetzt denken und machen, lässt Sie unglücklich – oder auch glücklich sein!* Gott macht Sie nicht unglücklich. Gott ist nicht froh, wenn Sie unglücklich sind und keinen Spaß am Leben haben. Gott ist unglücklich, wenn Sie unglücklich sind. Lachen ist kostenlos. Es ist auch nicht verboten. Wer kann es alleine verbieten? Nur Sie selbst!

Dialog

Zuhörer: Aber Menschen, denen es schlecht geht, die ärgern sich sehr, wenn andere lachen und wollen verhindern, dass sie lachen.
P. de Souza: Es gibt vielleicht Menschen, die sich darüber freuen, wenn Sie lachen.
Zuhörer: Aber die Leidenden haben dann auch den Eindruck, dass man lieblos ist. Der eine leidet und der andere ist ausgeglichen und fröhlich. Dann findet der Leidende das lieblos.

P. de Souza: Ja. Wenn andere unglücklich sind, müssen Sie abe[r] nicht auch unglücklich sein, um Ihr Mitgefühl zu zeigen. Un[d] innerlich können Sie immer lachen. Sie müssen raus aus dem Tief, damit es nicht zwei Leute gibt, die im Leid stecken. Wenn Sie leiden, muss ich nicht mitleiden. Mitgefühl habe ich. Ich weiß, wie Sie sich fühlen. Aber ich bleibe fröhlich. Dann, nur dann, kann ich Sie aus Ihrem Leid herausziehen. Alle Leute erzählen von ihren Wehwehchen, und Sie weinen auch mit.
Zuhörer: Sie haben einmal gesagt, dass wir wie die Sonne sein sollen.
P. de Souza: Ja, seien Sie wie die Sonne, nicht wie der Mond. Auch wenn Sie überall von Monden umgeben sind. Leuchten Sie trotzdem! Die Sonne scheint und lässt sich auch von traurigen Leuten nicht daran hindern.
Zuhörer: Wenn jemand in meiner Umgebung sehr laut und aggressiv redet, dann fühle ich mich physisch gestresst. Wie kann man das verhindern?
P. de Souza: Das ist auch eine Folge Ihrer Selbstrede. Ihre Selbstrede (»ich kann das nicht ausstehen«) bringt Ihnen Stress. Dieses Bild, das Sie gemacht haben, erzeugt Ihre Emotionen. Dieses Bild können Sie vernichten und durch ein anderes Bild ersetzen. (z.B. »der Arme hat heute einen schlechten Tag. Womit kann ich ihn aufheitern?«) *Das Bild in Ihrem Kopf kommt nicht von außen. Niemand kann Ihnen dieses Bild geben. Nur Sie selbst.* Sie allein machen dieses Bild. Unbewusst! Jetzt machen Sie gute Bilder, und zwar bewusst! Erkennen Sie, dass diese laute und aggressive Rede ein Hilferuf nach Liebe ist.

Noch einmal: Dominante Gedanken

Dominante Gedanken bestimmen Ihr Verhalten. Sie können di[e] alten Gedanken durch neue dominante Gedanken ersetzen, ind[em] Sie sie mit Gefühlen verbinden. Ein neues Verhalten können Sie [n]mit positiven Emotionen entwickeln. Weil die alten Emotionen st[ark] sind, werden sie immer wieder durchkommen. Machen Sie sich

wiederholen Sie so oft wie möglich. Dann machen Sie sich ein Bild im Kopf, dass Sie ein Nichtraucher sind – wie schön Sie aussehen, wie gesund Sie sich fühlen, wie frei Sie atmen können – bis Emotionen hervorgerufen werden. Diese Gefühle stellen Sie sich für die Situationen vor, in denen Sie gewöhnlich rauchen, z.B. nach dem Essen. Sie treffen Freunde, und Sie rauchen nicht. Sie haben ein Problem, aber Sie rauchen nicht. Machen Sie sich auf diese Weise möglichst intensive Vorstellungen. Ständig arbeiten Sie daran, Ihr Selbstbild zu ändern. Automatisch werden Sie allmählich feststellen, dass Sie nicht mehr rauchen wollen. Denn Sie handeln nach Ihrem Selbstbild.
Verändern Sie Ihr Bild von sich! Ihre Wut geht nicht weg durch eine Predigt. Sie müssen Ihr Selbstbild ändern. Erst, wenn Sie Ihr Selbstbild geändert haben, wird sich Ihr Verhalten verändern, so dass es Ihrem neuen Selbstbild entsprechen kann. Was ist, wenn Sie sich kein Bild vorstellen können? Dann konzentrieren Sie sich auf die Gefühle und wiederholen Sie die Affirmationen.

Vater, Sohn und Heiliger Geist

Ich habe viel vom Heiligen Geist und vom Unterbewusstsein gesprochen. Es gibt den Vater, den Sohn und den Heiligen Geist. Der Vater ist das Unterbewusstsein, der Sohn ist das Bewusstsein, und darüber ist das Superbewusstsein, der Heilige Geist. Sie sind nicht örtlich getrennt. Aber sie haben unterschiedliche Funktionen. Ich habe das Bild von dem Fluss benutzt, zu dem Sie entweder mit einer Tasse oder mit einem Fass zum Schöpfen gehen können. Außerdem habe ich das Bild vom Elektrizitätswerk und der Birne gegeben, die zusammenhängen. Die Birne ist der Körper. Er ist vergänglich. Aber die Elektrizität ist immer da. Nur die Birne muss gewechselt werden, dann gibt es wieder Licht. Sie haben also einen ewigen Teil in sich. Das ist Ihre Essenz. Diese Essenz ist, Gottes Kind zu sein.
Ihr Unterbewusstsein hat Verbindung einerseits zum Bewusstsein, andererseits zum Superbewusstsein. Sie sind nicht getrennt sondern bilden eine Einheit. Sie werden sie jetzt durch die Funktionen

trennen. Der Heilige Geist ist die unendliche, göttliche Energie. Es ist das Superbewusstsein, das alles weiß und göttliche Freude ist. Das Bewusstsein (der Sohn) ist durch einen Kanal damit verbunden, so dass ein Teil des Heiligen Geistes herüberfließen kann. Wieviel von der göttlichen Energie herüberfließt, hängt von dem Widerstand ab. Jedes Bewusstsein hat einen anderen Widerstand, so dass es verschieden helle »Birnen« gibt. Worin besteht der Widerstand? Es sind die negativen Gedanken des Sohnes (des Bewusstseins). Durch positive Gedanken wird der Kanal weiter und der Zufluss an göttlicher Energie (Liebe, Weisheit und Freude) größer. Das Ventil, das den Durchfluss reguliert, ist das Unterbewusstsein (der Vater). Es ist neutral und führt wertungsfrei die Gedankenimpulse des Sohnes aus.

> Positive Gedanken bedeuten, 'Ventil auf', negative Gedanken bedeuten, 'Ventil zu'.

Auf der einen Seite ist die ganze schöpferische Kraft des Heiligen Geistes, auf der anderen Seite ist das einzelne menschliche Bewusstsein. Wenn es ohne Widerstand konzipiert wäre, dann hätte es keinen freien Willen und keine Individualität. Aber Gott wollte keine Automaten schaffen. Deshalb hat er dem Sohn (Bewusstsein) einen freien Willen gegeben. Weil er einen freien Willen hat, kann er nicht auch die vollkommene Macht haben. Wenn er aber positiv denkt und sein Bewusstsein freiwillig nach Gott ausrichtet, dann kann er die Energie des Heiligen Geistes anzapfen. Je mehr der Sohn die Widerstände (negative Gedanken) beseitigt, umso mehr ist er wie Gott. Der Sohn hat den freien Willen, sein Bewusstsein zu erhöhen und seinen Weg zusammen mit Gott zu gehen, d.h. die göttliche Energie mehr und mehr anzuzapfen. Er kann sie aber auch mit negativen Gedanken, also mit Gedanken, die mit der Realität nicht übereinstimmen oder die der Liebe entbehren, blockieren. Bisher haben Sie die Verbindung zum Heiligen Geist durch Ihre negativen Gedanken unbewusst blockiert. Jetzt können Sie bewusst durch positive Gedanken die Verbindung zum Heiligen Geist öffnen und mit seiner grenzenlosen Energie schöpferisch arbeiten. Das ist es, was Christus, was Gott will.

Sie allein sind durch die Art, wie Sie denken, verantwortlich dafür, ob Sie leiden oder glücklich sind. Gott will Sie nicht durch Leid lehren oder bestrafen. Das ist unsinnig! In Wahrheit liebt Gott Sie. Er gibt Ihnen jedoch einen freien Willen.

Der Vater (Unterbewusstsein) ist offen nach beiden Seiten. Er verfügt über die Macht des Heiligen Geistes, mit der er die Gedanken ausführt, die vom Sohn (Bewusstsein) kommen. Der kann machen, was er will. Wenn er denkt, dass er arm ist, dann wird er arm sein. Wenn er denkt, er sei ein Raucher, dann wird er ein Raucher sein. Wenn er denkt, er sei schüchtern, dann wird er schüchtern sein. Wenn er denkt, er kann öffentliche Reden halten, dann wird er öffentliche Reden halten können. Der Vater führt wertungsfrei alle Befehle des Sohnes (Bewusstsein) aus. Er ist neutral. Es hängt vom Denken des Sohnes ab, ob er ein Verbrecher oder ein Heiliger wird.

Dialog

Zuhörer: Es ist also so, dass mir meine negativen Gedanken und Gefühle genauso erfüllt werden wie die positiven. Wenn ich denke, dass ich dumm bin, dann wird mir auch meine Dummheit erfüllt.

P. de Souza: Der Vater wird es erfüllen. Sowohl die positiven wie auch die negativen Gedanken werden erfüllt. Im letzten Fall aber, ohne die Verbindung zum Heiligen Geist herzustellen. Dann fühlen Sie sich von Gott verlassen. Der Heilige Geist kommt nur unter bestimmten Voraussetzungen. Weil Sie einen freien Willen haben, müssen Sie bitten. *Der Sohn bittet um positive oder negative Dinge durch Gedanken und Emotionen.* Die Emotionen gehen ins Unterbewusstsein, und sie werden vom Vater verwirklicht. Wenn sie negativ sind, dann blockieren sie den Zugang zum Heiligen Geist. Wenn sie positiv sind, dann öffnen sie den

Zugang zum Heiligen Geist. Dann kriegen Sie Inspirationen. Der Vater macht, was der Sohn will. Wenn es negativ ist, macht er es ohne die Hilfe des Heiligen Geistes. Die negativen Gedanken blockieren den Zugang zum Heiligen Geist. Wenn Sie Gutes denken, dann wird es auch verwirklicht werden, und dann fließt der Heilige Geist durch Sie. Denken Sie also daran: Es genügt nicht, mit Worten um Erfolg, Glück oder Liebe zu bitten. Zu beten bedeutet, Ihre Wünsche in Ihr Denken einziehen zu lassen, in Ihre Vorstellungen und Ihre Gefühle – also Sie zu Ihren Einstellungen zu machen. So wird Ihr Gebet zu einer Bitte, die sich erfüllen wird.

Zuhörer: Wenn der Sohn positive Wünsche hat, dann zieht er die Liebe an, und findet Unterstützung darin, seine Wünsche umgehend zu erfüllen.

P. de Souza: Ja, denn die Liebe ist der Heilige Geist. Das ist die Erklärung für die Dreifaltigkeit. Vater, Sohn und Heiliger Geist sind eins. Weisheit heißt, Zugang zum Heiligen Geist zu haben. Die göttliche Energie fließt dann ungebremst zu Ihnen. Das erreichen Sie durch Positivität und Lebensbejahung, nicht durch Trance und Rückzug aus der Welt.

Im Licht der Wahrheit

Stehen Sie im Lichte der Wahrheit! Wenn Sie Freude haben wollen, dann ändern Sie Ihre Gedanken und verbinden Sie sie mit guten Gefühlen. Nur kurz meditieren zur Entspannung der Gedanken.
Ihre Realität (Weltbild) besteht aus Ihren Gedanken, die mit Bildern und Emotionen verbunden sind. Das ist der Schlüssel zur Weisheit. Sie können jetzt Ihre Gedanken ändern und sich in das Licht der Wahrheit und Liebe stellen. Und jetzt sind Sie auf Ihrem Weg – zusammen mit Gott.

Nachwort

„Glauben machen“, von Stefan Barres

Neulich fragte mich eine junge Frau, warum bei ihr das mit dem 'Positiv-Denken' nicht funktionieren würde. Dabei würde sie sich jeden Morgen und jeden Abend eine Viertelstunde Zeit nehmen und sich ihre Affirmationen vorsagen. Ich fragte sie daraufhin, wie sie sich denn bei ihren Übungen fühlen würde. Dabei kam ziemlich schnell heraus, dass sie zwar mit Begeisterung und Zuversicht begonnen hatte, sich aber mittlerweile eher enttäuscht fühlte, wenn sie an ihre Affirmationen dachte. Mit dieser Erfahrung steht sie nicht alleine da. Was könnte sie unternehmen, um auch wirklich zum Erfolg ihrer Bemühungen zu gelangen? Als ich darüber nachdachte, kam mir zuerst der Begriff des Glaubens in den Sinn. Solange sie nicht an ihre Sätze glaubt, können sie sich nicht verwirklichen. Dabei dachte ich auch daran, wie Jesus Christus gesagt hatte: »Nicht ich, sondern euer Glaube hat euch geholfen.« So fragte ich die junge Frau, ob sie denn ihre Sätze glaube. Es fiel ihr nicht leicht, darauf zu antworten, denn der Begriff des Glaubens war für sie eher abstrakt. Vor allen Dingen wandte sie aber ein, dass es sie verunsichere, daran zu denken, dass es ihr Glaube sei, der für den Erfolg verantwortlich sei, denn sie hätte nicht das Gefühl, ihren Glauben beeinflussen zu können.
Was also ist Glauben, und wie können wir unseren Glauben in eine gewünschte Richtung verstärken? Mit einem Lachen meinte meine Bekannte, dass sie an Einiges glauben würde, z.B. daran, dass morgen schönes Wetter würde, oder dass es schwierig sei, eine Fremdsprache zu erlernen. »Aber«, wandte sie sogleich ein, »eigentlich ist Glauben doch eine tiefgründigere Sache.« Etwas, das sich auf Gott oder die Bibel bezöge, aber doch nicht auf so banale Dinge, wie... Ja, wie was? Was können wir als banal abtun? Natürlich, ob morgen gutes Wetter wird, mag für uns nicht so bedeutend sein, für jemand anderen vielleicht aber doch. Vielleicht bedeutet es für einen Menschen sogar, ob er Gott als ihm gut gesinnt erlebt oder nicht.

Ich wies meine Bekannte darauf hin, dass Glaube ihre Einstellung zu den verschiedenen Aspekten des Lebens sei. Sie habe Glauben über dies und jenes, über bestimmte andere Menschen, aber auch über die Menschen an sich; sie habe Glauben über bestimmte Dinge, aber auch einen Glauben über die ganze Welt; sie habe Glauben über einzelne Vorgänge und Handlungen, aber auch über allgemeine Richtlinien des Handelns; und schließlich habe sie auch Glauben über verschiedene Aspekte von sich selbst und auch einen Glauben über sich selbst als Ganzes. »Aber«, sagte ich, »woraus bestehen denn die großen Glauben über die Welt, über dich, über die Menschen, über Gott usw.?« Und so kamen wir dazu, den kleinen Glauben doch eine große Bedeutung zuzusprechen, denn sie prägen in ihrer Gesamtheit ganz entscheidend unsere großen Glauben. Oder können Sie glauben, dass der Mensch gut ist, aber gleichzeitig alle konkreten Menschen als schlecht ansehen? Was ist nun aber Glauben?
Glaube ist unsere Verbindung mit den Dingen der Welt. Diese Verbindung beruht natürlich zuerst einmal auf den Sinneseindrücken, die wir empfangen, aber diese dringen in unser Bewusstsein immer erst im Verbund mit unseren Einstellungen, unserem Glauben, dazu ein. Auch unsere Theorien, unsere Konzepte, die wir nicht direkt auf sinnliche Objekte beziehen können, existieren in uns nicht ohne eine Einstellung, die wir zu diesen Konzepten und Ideen haben. Wenn wir unseren Glauben also beeinflussen wollen, macht dies nur Sinn, wenn wir uns auf unsere Verbindung zu etwas Bestimmtem konzentrieren. Wir können nicht sagen: »Ich möchte glauben!«, ohne dass wir auch sagen, an was wir glauben möchten.
Wie sind wir aber verbunden mit den verschiedenen Aspekten unseres Lebens? Meiner Bekannten ging es bei ihren Affirmationen um ihr Selbstwertgefühl. Sie wollte in ihrem beruflichen Umfeld anerkannt und respektiert werden. Deshalb hatte sie sich die Affirmation ausgesucht: »Ich bin ein wertvolles Mitglied meiner Firma. Meine Kollegen achten und respektieren mich und meine Arbeit.« Wir überlegten gemeinsam, wie sie denn in Verbindung mit ihrer Firma, mit ihren Kollen und ihrem Chef stand. Ich bat sie, sich einmal eine Begegnung in ihrer Firma vorzustellen.
Sie schloss die Augen, um sie sogleich wieder zu öffnen und zu sagen:

»Typisch...« Ich unterbrach sie, bevor sie mir sagen konnte, wer sich und wie typisch benommen hatte. Statt dessen forderte ich sie auf, ihr Gefühl zu beschreiben. Zunächst fiel ihr das schwer, und sie versuchte sich mit gedanklichen Umschreibungen wie z.B.: »Wenn ich meinem Chef gegenüberstehe, kann ich genau sehen, was er über mich denkt...« Ich erklärte ihr, dass es wichtig sei, zu versuchen, tatsächlich nur auf das Gefühl zu hören, denn das Gefühl sei der Schlüssel zu unserem Glauben. Durch das Gefühl seien wir verbunden mit der Situation.

»Es ist gar nicht so leicht, mir über mein Gefühl klar zu werden.«, sagte sie wieder. »Es könnte dies sein, aber auch das. Es fühlt sich an wie Ärger, aber dann doch wieder eher wie Enttäuschung oder – nein, doch mehr wie Wut.« Schließlich legte sie sich dann auf 'Verletztheit' fest. Gefühle sind sehr nuanciert und differenziert, stellten wir übereinstimmend fest. Ich fragte sie, ob ihr diese Identifizierung des Gefühls weiterhelfe. Das verneinte sie.

Wenn eine Identifikation eines Gefühls in uns keine Anrührung hervorruft, haben wir nicht das wirkliche Gefühl gefunden, das mit der Situation verbunden ist. Dies ist eine zweite Schwierigkeit, wenn wir unseren Glauben aktiv gestalten wollen: Wir sind nicht immer mutig genug, ehrlich mit uns und unseren Gefühlen zu sein.

Zu dem eigentlichen Grund unserer Gefühle vorzudringen, ist ein bewegendes Erlebnis. Wir spüren, dass wir nun tatsächlich auf der Ebene des Glaubens gelandet sind – auf der Ebene, auf der sich die Richtung unseres Lebens in diesem speziellen Aspekt entscheidet. Das ist ein gutes Gefühl, obwohl es oft durch eine schmerzhafte Erfahrung oder Selbsterkenntnis hervorgerufen wird.

Schmerzhaft sind die Gefühle, wenn sie in Situationen entstanden, die uns emotional überfordert hatten, wie z.B. Trennungen im Kindesalter von den Eltern. Eine solche Situation lag bei meiner Bekannten aber nicht zugrunde. Aber sie hatte den Mut, etwas zu erkennen: Sie fühlte nicht Trauer oder Verletztheit gegenüber ihren Kollegen, sondern eher Arroganz und Überheblichkeit. Solche negativen Gefühle anderen Menschen gegenüber kommen nicht, weil wir böse wären oder besonders dumm oder unfähig, sondern indem wir auf eine Art und Weise mit der Welt umgehen, die nicht zu den gewünschten Ergebnissen führt. Wir sind nicht allwissend und in jedem Augenblick in der Lage, alle Konsequenzen abzusehen, alle Möglichkeiten in Betracht zu ziehen oder alle Alternativen abzuwägen. Wir sind Menschen und als solche Abenteurer und Entdecker – darin besteht unsere Vollkommenheit und Erhabenheit. Und was wir entdecken sind die Wege, die uns glücklich machen – und dabei auch die Wege, die unser Glück verhindert haben.

Meine Bekannte hatte die Schwächen der Kollegen, des Chefs und der ganzen Firmenstruktur ausgemacht und darauf mit innerer Überheblichkeit reagiert. Das sah sie nun. »Jetzt«, so sagte sie auch, »spüre sie viel innerlich. Jetzt hätte sie das intensive Gefühl, am Kern der Sache zu sein.«

Aus dieser Perspektive erschien ihr ihre Affirmation reichlich sinnlos. »Kein Wunder, dass sie nicht wirkt! Eigentlich müßte ich sagen: 'Ich sehe meine Kollegen als wertvolle Mitglieder meiner Firma. Ich achte und respektiere sie und ihre Arbeit.«

So hatte sie zwei Fliegen mit einer Klappe geschlagen. Sie war sich über ihr Gefühl bewusst geworden und gleichzeitig über die positive gedankliche Struktur, die sie ihrem negativen Glauben nun entgegensetzen konnte. Vergleichen wir ihre zwei Affirmationen miteinander, dann wird an ihnen ein häufiges Problem erkennbar, das die Wirkung von positiven Gedanken verhindert: Zunächst hatte sie einen Gedanken benutzt, der von anderen eine bestimmte Handlungsweise verlangte. Die Kollegen sollten sie achten und respektieren. Mit einem solchen Gedanken machen wir uns aber klein. Wir machen uns abhängig von dem Verhalten anderer und entwickeln dadurch automatisch ein Gefühl der Unsicherheit und Unselbständigkeit.

Wenn wir unser Gefühl bewusst gemacht haben, ist es wichtig, eine wirkungsvolle gedankliche Neustruktur zu schaffen. Dies ist einfacher bei den Gefühlen, die wir aktiv einbringen, wie z.B. Arroganz. Schwieriger ist es, wenn unser Gefühl z.B. Verlassenheit wäre, die entstand, als unsere Eltern sich trennten, als wir drei Jahre alt waren. Hier würde uns der Satz: »Ich liebe meine Mutter.«, nicht helfen. Was helfen würde wäre aber der Satz: »Du liebst mich und das nehme ich an.« Es fällt uns oft schwer, eine solche Haltung einzunehmen, weil wir fixiert sind auf die Abhängigkeit von einer anderen Person. Unser Blick ist dann getrübt für das, was wir haben und statt dessen auf das gerichtet, was wir nicht haben. Legen wir in unseren Gedanken einen Grundstein, der uns nicht selbst zu reichen, gebenden und bereits empfangenden Menschen macht, dann hilft uns der Gedanke nicht weiter.

Haben wir unser Gefühl entziffert und eine gute Affirmation gefunden, können wir beginnen, den neuen Glauben in uns zu verankern. »Wie soll ich aber ausgerechnet Frau M., die immer alles durcheinanderbringt, für ihre Arbeit achten?« »Du glaubst also nicht, dass ihre Arbeit oder zumindest Frau M. achtenswert ist?« Meine Bekannte sah ein, dass es auch jetzt nicht damit getan wäre, die neue Affirmation nur im Kopf zu belassen. Sie überlegte, was sie tun könnte und kam auf eine sehr sinnvolle Idee: »Wenn ich sie nicht achte, dann kann ich vielleicht erst einmal so tun, als ob ich sie achten würde.« Zu diesem Vorschlag gratulierte ich ihr. Aber ich wies sie auch darauf hin, dass es damit nicht getan sei. Es würde sich für sie selbst nichts verändern, wenn sie nur ihr Verhalten ändern würde. Dennoch wäre dies einer der beiden entscheidenden Pfeiler für den Erfolg ihrer Glaubensänderung.

Nach einigen Tagen traf ich meine Bekannte wieder. Und sie berichtete mir ganz aufgeregt von den Veränderungen. »Als ich gestern Morgen Frau M. zum erstenmal seit langen wieder gegrüßt habe, da kam sie doch tatsächlich in der Frühstückspause zu mir und bot mir ihre Zeitung an. Unglaublich!« Meine Bekannte hatte eine Erfahrung gemacht, an die wir oft kaum 'glauben' wollen: Ändern wir unser Verhalten und bringen das in eine Situation ein, was wir uns wünschen, dann nehmen die anderen Beteiligten dies gerne auf und so kann sich die ganze Situation verändern.

Ich bat sie, doch noch einmal an ihre Firma zu denken – und diesmal lachte sie und meinte, dass sich auch ihre Gefühle schon verändert hätten. »Das«, sagte ich, »ist der zweite Pfeiler.« Wenn sie diese Gefühle pflegt und auch weiterhin nach ihrer neuen Devise handelt, wird ihr positives Denken wirken.

Ich fragte sie, wie es ihr denn jetzt mit ihrem Glauben ginge. »Oh«, meinte sie, »'Glauben zu machen' ist toll!«

Weitere Bücher von Pedro de Souza im Verlag MAY

Pedro de Souza
Evangelium 2000 - Der Himmel auf Erden
Taschenbuch, 127 Seiten, DM 19,90
ISBN 3-934699-00-6

Pedro de Souza
Sich selbst in Liebe begegnen
Skript, 20 Seiten, DM 14,90
ISBN 3-934287-06-9

Pedro de Souza
Der Weg zum höheren Bewusstsein
Skript, 20 Seiten, DM 14,90
ISBN 3-934287-07-7

Erhältlich direkt beim Verlag MAY, über den Buchhandel oder online über www.verlagmay.de oder www.amazon.de

Informationen über Bücher, Seminare und Vorträge
von Pedro de Souza erhalten Sie bei
Verlag MAY
Tel: (0 72 47) 96 39 26 Fax: (0 72 47) 96 39 24
oder über die Homepage
www.verlagmay.de

Pedro de Souza im Verlag KNAUR:

Sabine Korte/Mahindra de Souza
Der Christus-Meister
DM 14,90, erhältlich im Buchhandel